絵で学ぶ
韓国語文法
▶新版◀

初級のおさらい、
中級へのステップアップ

イラスト｜わたなべまき
装丁・本文デザイン｜株式会社アイ・ビーンズ
音源ナレーション｜李美賢　朴天弘

はじめに

　本書は、韓国語の初級レベルの文法がひとりでマスターできる文法書です。ハングル能力検定試験5級と4級、韓国語能力試験初級の文法項目がカバーされています。2014年初版以来、絵やイラストを多く取り入れたわかりやすい文法書として幸いにも好評を博してきましたが、この度学習者の要望に応えるために「実践問題」と「解答」に解説を加えて新版を出すことになりました。

　この文法書は、はじめて韓国語の文法を学ぶ方が無理なく学習できるよう文法項目の順序や一課で習う分量を調整し、難しい活用がひと目ですぐ分かるように、さまざまな工夫をしてあります。まず絵やイラストで文法の仕組みを直観的に理解し、次に詳しい説明を読んでその理解を確かめ、最後に練習問題を解きながら定着させるという流れになっています。そして何よりも"楽しく学べる"をモットーにいろいろなキャラクターを登場させました。「なるほど君」と名付けたクマのキャラクターは、文法の理解において毎回新鮮な発見をし「なるほど」とつぶやいています。なるほど君をはじめとするキャラクターたちのつぶやきには、初級レベルで間違いやすい部分をクリアするためのヒントがたくさん隠されています。彼らのつぶやきに耳を傾けながら最後まで進めば、きっと初級から中級へと無理なくステップアップできるでしょう。

　「お悩み解決コーナー」では用法や意味が似ていて混同しやすい文法項目の使い分けを、イラストに描かれた場面を通じて理解できるようになっています。学習者のみなさんが感じるモヤモヤが一気に晴れることでしょう。

　最後に、素敵なイラストを描いてくださった、わたなべまきさんに心から感謝いたします。「絵で文法を説明する」という本書の目標は彼女のイラストがなかったら実現できなかったでしょう。

　この本を手に取ったみなさんが本書のキャラクターに楽しく導かれながら、次の一歩へと進まれることを願ってやみません。

著者

目次

お悩み解決コーナー

付録

本書の構成と使い方

　本書は、韓国語の初級レベルの文法がひとりで学べる文法書です。それぞれの文法項目は、その文法がひと目でわかるイラスト、文法の仕組みと解説、練習問題の順で構成されています。また「お悩み解決コーナー」や「5分間の力だめし」の復習コーナーもあります。巻末には解答や単語集、文法索引があります。では、本書の効果的な使い方について紹介しましょう。

事前学習
－文法用語と助詞

　韓国語の文法を学ぶ上で必要な文法用語を簡単に提示しています。

助詞を覚えておけば、いっそうスムーズに進められるでしょう。

文法の学習

　韓国語の文法項目とその日本語の意味を確認してから、絵やイラスト、解説、練習問題へと進んでください。

学習者のみなさんが間違いやすい誤用の例から生まれたコーナーです。もう一度確認すれば誤用を減らせるでしょう。

練習問題

　練習問題は直接書き込む形式になっています。すぐ使える短いフレーズを用いて、やり取りできるような問題を多数設けてあります。解答の確認の際に音声を利用すれば聞き取り力もアップするでしょう。（10頁参照）分からない単語は巻末の単語集を活用してください。

〈　〉は、変則用言を示します。

例：〈으〉→ 으変則

なるほど君のつぶやき
どんな発見があるのかを追っていくことで
"楽しく学ぶ"ことができるでしょう。

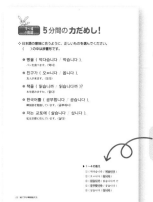

5分間の力だめし

　復習のコーナーです。関連文法の学習が終わったらチャレンジしてみてください。

解答はすぐ下にあります。

お悩み解決コーナー

　用法や意味が似ていて混同しやすい文法項目の使い分けなどについて、場面ごとに分かりやすく書いてあります。気になるところがあればぜひ目を通してください。

音声について

　練習問題と実践問題をすべて音源に収録しました。下記の白水社のサイトから
ダウンロードして、パソコンやスマートフォン、タブレットなどで聞くことができます。

https://www.hakusuisha.co.jp/book/edemanabu

学習者のみなさんへ

　本書を1課から順番に学習しても、気になる項目だけ選んで学習してもかまいま
せんが、はじめて韓国語を学ぶ方なら、本書の順番にそって学習することをお勧
めします。ここで紹介する学習法を参考に、ご自分に合った学習法をみつけてくだ
さい。

- まずタイトルからその課の文法項目と日本語の意味を確認しましょう。
- 絵を見てその課で習う文法をイメージでとらえ、その後で詳しい接続方法や用法
  を確認します。注意点などの説明もあわせて見ておきましょう。
- 練習問題は直接書き込んで完成させます。日本語の意味も確認しておきましょう。
  練習問題を終えたら、巻末にある解答で答え合わせをします。間違ったところは
  赤色のペンなどで修正しておきましょう。
- 練習問題の答え合わせが終わると、それがそのまま例文となります。完成した
  文は、音声を聞きながら3回以上口に出して発音するといいです。練習問題の
  表現や対話は、実践でもすぐに使えますのでぜひ丸ごと暗記しましょう。
- 「もう一度確認」や「なるほど君」のつぶやき、「お悩み解決コーナー」には学習
  の手助けになるヒントがたくさん含まれています。皆さんの学習に役立ててくだ
  さい。
- 復習として「力だめし」にチャレンジしてみましょう。わからなかった項目があれ
  ば繰り返しやってみることをお勧めします。

事前学習　　文法用語と助詞

パンを食べます

빵을 먹어요

■ 「빵」パン：名詞

名詞には二つの種類があります。

母音終わりの名詞（パッチム無）：오빠 ⤵ 「ㅏ」が母音です

子音終わりの名詞（パッチム有）：빵 ⤵ 「ㅇ」は子音です

■ 「을」を：助詞

助詞には前に来る名詞にパッチムがあるかないかによって使い分けなければならないものがあります。12頁を参照してください。

■ 「먹어요」食べます：用言

用言とは文の述語になるもので、動詞・形容詞・指定詞・存在詞があります。辞書の見出し語の形は辞書形（もしくは原形、基本形）と言い、すべて「－다」で終わります。

用言は日本語と同じく語幹（辞書形から語末の「－다」を取り除いた部分）にさまざまな語尾がついて活用します。語尾の付け方は、語幹の種類と密接な関連があります。

> 母音語幹　：母音終わりの語幹　例：가다、배우다
> <ruby>ㄹ<rt>リウル</rt></ruby> 語幹　：ㄹ終わりの語幹　例：놀다、만들다
> 子音語幹　：ㄹ以外の子音終わりの語幹　例：먹다、덥다

> 陽母音語幹：語幹末の母音が陽母音（ㅏ、ㅑ、ㅗ）の語幹
> 　　　　　　例：가다、얕다、놀다
> 陰母音語幹：語幹末の母音が陰母音（ㅏ、ㅑ、ㅗ以外）の語幹
> 　　　　　　例：길다、먹다

● 覚えておきたい助詞

意味	パッチム		例
	無	有	
～は	－는	－은	교토는　부산은
～を	－를	－을	교토를　부산을
～が	－가	－이	교토가　부산이
～へ（方向） ～で（手段）	－로*	－으로	교토로　서울로*　부산으로 버스로　전철로*　밥으로
～と	－와	－과	교토와 부산　　부산과 교토
	－하고		교토하고 부산
～も	－도		교토도
～に	－에		교토에　1시에
～に （人、動物）	－에게 －한테		어머니에게　개에게 어머니한테　개한테
～で（場所） ～から（起点）	－에서 (－서)**		교토에서 여기서 **
～だけ	－만		교토만　부산만
～より	－보다		교토보다　부산보다
～から （時、順序）	－부터		1시부터 (先に)교토부터
～まで（に）	－까지		부산까지　2시까지
～の	－의		교토의 집
～ように	－같이		교토같이

* ㄹパッチムで終わる名詞も＋로になります。

** 여기、거기、저기、어디のみ縮約形の「서」が付きます。

現在 (1)　합니다体

～です (か)、ます (か)

1 - ㅂ니다
2 - 습니다
3 - ㅂ니다
4 - ㅂ / 습니까 ?

🧊 学習のポイント

- 日本語の「～です、～ます」に当たる합니다体の形を覚えます。
- 辞書形からを다取った語幹の形 (母音語幹・子音語幹・ㄹ語幹) を見極めてから、それと結合する語尾をつけるのがポイントになります。

	語幹	語尾	
食べる	먹	다	辞書形 (動詞・形容詞はすべて−다で終わる)
安い	싸	다	
食べます	먹	습니다	합니다体 (語幹에습니다がついている)
安いです	싸	ㅂ니다	합니다体 (語幹에ㅂ니다がついている)

ㅡㅂ니다

~です、~ます　합니다体〈1〉

行きます

基本形	例
母音語幹＋ㅂ니다 （パッチム無）	가다　行く　　→　**갑니다**　行きます 예쁘다　きれいだ　→　**예쁩니다**　きれいです

:＊● ㅡㅂ니다は、母音語幹につく합니다体の語尾です。

:＊● 가다の語幹の最後にㅏ（母音）、예쁘다の語幹の最後にㅡ（母音）があり、どちらも母音語幹です。こうした確認をしてから、ㅡㅂ니다をはめ込むようにしてつけると OK です。

もう一度確認！　母音語幹＋ㅂ니다は、ただ並べるのではなくはめ込むように接続します。
例）가다の합니다体「行きます」：×가ㅂ니다　○갑니다

母音語幹に −ㅂ니다をつけて、「〜です、〜ます」の形にしましょう。

> 보다 見る   크다 大きい   마시다 飲む   바쁘다 忙しい

① 見ます

봅	니	다

② 飲みます

③ 忙しいです

④ 大きいです

> なるほど…
> −ㅂ니다は、日本語の「〜ます」と「〜です」の両方に当たるんだね。

 합니다体から −ㅂ니다を取り外して−다をつけなおし、元の辞書形に戻しましょう。

① 옵니다　来ます　　　오다　　　　　　　　（来る）

② 탑니다　乗ります　　　　　　　　　　　　（乗る）

③ 입니다　〜です　　　　　　　　　　　　　（〜だ）

④ 아픕니다　痛いです　　　　　　　　　　　（痛い）

☞ 합니다体は辞書に載っていないので、辞書形に戻して意味を調べなければなりません。

2

–습니다
～です、～ます 합니다体〈2〉

食べます

基本形	例
子音語幹＋습니다 （パッチム有）	먹다 食べる　→　먹습니다 食べます 어렵다 難しい　→　어렵습니다 難しいです

- –습니다は、子音語幹につく합니다体の語尾です。

- 먹다の語幹の最後にㄱ（子音）、어렵다の語幹の最後にㅂ（子音）があり、どちらも子音語幹です。こうした確認をしてから、–습니다をつけるとOKです。

もう一度
確認！
活用する時は、まず最初に –다を取り除くことを忘れてはいけません。
例）먹다の합니다体「食べます」：×먹다습니다　○먹습니다

2-1 子音語幹に–습니다をつけて、「～です、～ます」の形にしましょう。

입다 着る　있다 ある　받다 もらう　맛있다 おいしい

① 着ます

입	습	니	다

② もらいます

③ おいしいです

④ あります

なるほど…
パッチムがあるか無いかで
違う語尾を付けるんだね。

2-2 합니다体から–습니다を取り外して–다をつけなおし、元の辞書形に戻しましょう。

① 벗습니다　脱ぎます　　<u>벗다</u>　　　　　（脱ぐ）

② 듣습니다　聞きます　　　　　　　　　　（聞く）

③ 없습니다　ありません　　　　　　　　　（無い）

④ 좋습니다　よいです　　　　　　　　　　（よい）

☞합니다体は辞書に載っていないので、辞書形に戻して意味を調べなければなりません。

３

－ㅂ니다
〜です、〜ます **합니다体** 〈3〉

遊びます

基本形	例
ㄹ語幹 (ㄹが消える) ＋ㅂ니다	놀다 遊ぶ → **놉니다** 遊びます 멀다 遠い → **멉니다** 遠いです

:● －ㅂ니다は、ㄹ語幹につく합니다体の語尾です (ㄹが消えます)。

:● 놀다の語幹の最後にㄹ、멀다の語幹の最後にㄹがあります。ㄹ語幹であることを確認してから、－ㅂ니다をはめ込むようにしてつけると OK です。

もう一度
確認！

ㄹ語幹とは、パッチムで終わる語幹末のうちそのパッチムがㄹだけのもののことです。ㄺ、ㅀ、ㄻ などのㄹを含む2重パッチムを持つ語幹はㄹ語幹ではなく単なる子音語幹です。

　　읽다　옳다　← 子音語幹　　놀라다　살리다　← 母音語幹
　　만들다　살다　← ㄹ語幹

3-1 ㄹ語幹に－ㅂ니다をつけて、「～です、～ます」の形にしましょう。

> 살다 住んでいる　만들다 作る　알다 知っている　길다 長い

① 住んでいます

삽	니	다

② 知っています

③ 作ります

④ 長いです

> なるほど…
> ㄹ語幹ってパッチムがあるのに、
> 母音語幹と同じ扱いをするんだね。

3-2 합니다体から－ㅂ니다を取り外して－다をつけなおし、元の辞書形に戻しましょう。(ㄹ語幹の場合は、消えたㄹが復活するので注意してください)

① 멉니다　遠いです　　멀다　　　　　　　(遠い)ㄹ語幹

② 엽니다　開けます　　_____　　(開ける)ㄹ語幹

③ 삽니다*　買います　　_____　　(買う)母音語幹

④ 팝니다　売ります　　_____　　(売る)ㄹ語幹

　＊ 삽니다の場合は、文脈によって사다(買う)か살다(住む)の2通りの意味の可能性があります。

4 ㅡㅂ/습니까?

~ですか、~ますか 합니다体 〈4〉

良いですか

「?」を付けるのも
忘れないように！

종습니까

基本形	例
母音語幹 + ㅂ니까?	가다 行く → **갑니까?** 行きますか
子音語幹 + 습니까?	좋다 よい → **좋습니까?** よいですか
ㄹ語幹（ㄹが消える）+ ㅂ니까?	놀다 遊ぶ → **놉니까?** 遊びますか

- ㅡㅂ/습니까? は 합니다 体の疑問形の語尾です。疑問文は必ず「?」を
  つけます。ちなみに、韓国語の文の句読点は、「、」「。」ではなく英語と同様
  「,」「.」を使います。

- 疑問形の作り方は、ㅡㅂ/습니다の다を까? に変えるだけです。

もう一度
確認！

疑問文に「?」をつけるのを忘れてはいけません。
例) 좋다の합니다体疑問形「よいですか」：×좋습니까. ○좋습니까?

4-1 次の動詞や形容詞の語幹が、母音語幹なら母、子音語幹なら子、ㄹ語幹ならㄹと（　　　）の中に書きましょう。

① 걸리다 かかる（　　　　） ② 울다 泣く（　　　　）

③ 웃다 笑う（　　　） ④ 좋아하다 好む（　　　　）

⑤ 쉬다 休む（　　　） ⑥ 싫다 嫌だ（　　　）

4-2 ーㅂ니까?／습니까?とーㅂ니다／습니다を用いて、A「～ですか／～ますか」、B「はい、～です／～ます」というやりとりを作りましょう。

① 읽다　読む

A : **읽습니까?**　　　　　　　読みますか

B : **네, 읽습니다.**　　　　　　はい、読みます

② 시작하다　始める

A : _____　始めますか

B : _____　はい、始めます

③ 멀다　遠い

A : _____　遠いですか

B : _____　はい、遠いです

④ 바쁘다　忙しい

A : _____　忙しいですか

B : _____　はい、忙しいです

なるほど… 韓国語の
ーㅂ니까／습니까?も
日本語の「ますか」もどっちも
「か」の音? 偶然?

5分間の力だめし！

❖ 日本語の意味に合うように、正しいものを選んでください。
（　　）の中は辞書形です。

❶ 빵을 (먹다습니다 / 먹습니다).
パンを食べます。（먹다）

❷ 친구가 (오ㅂ니다 / 옵니다).
友人が来ます。（오다）

❸ 책을 (읽습니까 / 읽습니다까)?
本を読みますか。（읽다）

❹ 한국어를 (공부합니다 / 공붑니다).
韓国語を勉強しています。（공부하다）

❺ 저는 교토에 (살습니다 / 삽니다).
私は京都に住んでいます。（살다）

▶1〜4の答え
① (먹다습니다 / 먹습니다)
② (오ㅂ니다 / 옵니다)
③ (읽습니까 / 읽습니다까)?
④ (공부합니다 / 공붑니다)
⑤ (살습니다 / 삽니다)

現在 (2)　해요체

～です (か)、ます (か)

❖ 합니다체 vs 해요체

　5　-아 / 어요 (?)
　6　縮約形 (1)
　7　縮約形 (2)
　8　不規則な形

❖ 해요체의 使い方

🧊 学習のポイント

・日本語の「～です、～ます」に当たる해요체の形 -아요 / 어요を覚えます。

・語幹にパッチムが無い場合は、語幹の母音と -아요 / 어요が縮約します。

・하다用言*と이다の해요체は例外として覚えなければなりません。

	語幹	語尾	
食べる	먹	다	辞書形 (動詞はすべて-다で終わる)
よい	좋	다	辞書形 (形容詞もすべて-다で終わる)
食べます	먹	어요	해요体 (어요がついている)
よいです	좋	아요	해요体 (아요がついている)

* 하다用言とは、하다 (する) や 공부하다 (勉強する) のように○○하다の形をとる用言のことです。

합니다体 vs 해요体
どう使い分ける？

　합니다体も해요体も日本語で言うなら丁寧な文体「〜ます」に当たります。しかし、同じ丁寧な言い回しでも韓国語の합니다体と해요体では雰囲気が違うので、場面に合った方を選んで使う必要があります。합니다体はニュースや講演などで使われる非常に真面目な硬い雰囲気、해요体はプライベートな関係で使われるもう少し親密な雰囲気の丁寧体です。

7시 뉴스입니다

７時のニュースです

ニュースは합니다体で
伝えないと真剣な報道に
聞こえません。

아빠, 오늘은
일찍 와야 돼요

**パパ、今日は早く
帰って来てね**

家族の間で합니다体を
使うのはあまりによそ
よそしいです。

初めてお目にかかります

出会ったばかりでいきなり
해요体は馴れ馴れしいです。
相手が年上でなくても、
親しくなるまでは합니다体で
話しましょう。

いいですよ

親しくなるにつれ
해요体が混じるように
なります。

宿題はありませんか

親しくなるまでは
先生には합니다体を
使いましょう。

5 아/어요(?)

～です(か)、～ます(か)　해요体〈1〉

売ります

（母音が）そろっている！

ㅏ ㅑ ㅗ

ㅓ ㅕ ㅜ ㅠ ㅡ ㅣ

基本形	例
陽母音（ㅏ、ㅑ、ㅗ）語幹 ＋아요	팔다　売る　→　팔아요　売ります
陰母音（ㅏ、ㅑ、ㅗ 以外）語幹＋어요	싫다　嫌だ　→　싫어요　嫌です

- −아/어요는 해요体の文末語尾です。−아요는 아の仲間の母音（ㅏ、ㅑ、ㅗ：陽母音）で終わる語幹につけます。−어요は 어の仲間の母音（ㅓ、ㅕ、ㅜ、ㅠ、ㅡ、ㅣ…：陰母音）で終わる語幹につけます。つまり、つなぐ前後の母音を同じ仲間の母音でそろえるわけです。
- パッチムの有無に関係なく語幹末の母音を確認するのがポイントです。
- 疑問文の作り方は、文末に「？」を付けるだけです（34 頁参照）。

もう一度確認！　うっかりしがちですが、ㅗも陽母音です。
例）놀다の해요体「遊びます」：×놀어요　○놀아요

5-1 語幹に−아요か어요をつけて、「〜です、〜ます」の形にしましょう。

놓다 置く　　읽다 読む　　길다 長い　　좋다 よい

① 置きます

놓	아	요

② 読みます

③ よいです

④ 長いです

なるほど… **해요**体では **ㄹ**語幹の **ㄹ**パッチムが消えないんだね。

5-2 해요体から −아요/어요(?)を取り外して−다をつけなおし、元の辞書形に戻しましょう。

① 알아요　　知っています　　**알다**　　　　　（知る）

② 벗어요　　脱ぎます　　＿＿＿＿＿＿＿　（脱ぐ）

③ 놀아요?　　遊びますか　　＿＿＿＿＿＿＿　（遊ぶ）

④ 없어요?　　ありませんか　　＿＿＿＿＿＿＿　（無い）

縮約形 (1)

～です（か）、～ます（か）　해요体〈2〉

行きます

ㅏはひとつで
充分！

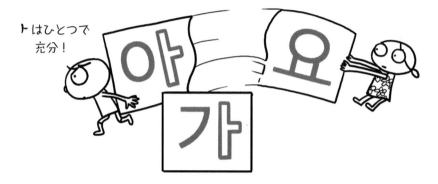

基本形				例		
(語幹) ㅏ +	아	요		가다	→ 가요	行きます
ㅓ +	어	요		서다	→ 서요	立ちます
ㅕ +	어	요		켜다	→ 켜요	(電気を) つけます
ㅐ +	어	요		보내다	→ 보내요	送ります
ㅔ +	어	요		세다	→ 세요	強いです

↳ 아/어 は省略する

:• 母音語幹のうちㅏ ㅓ ㅕ ㅐ ㅔの母音で終わる語幹は、−아요/어요の아/
어を省略し、요だけをつけます。こうした現象を「縮約」と呼びます。

語幹にパッチムがある場合はパッチムが母音の連続を防ぐので、縮約
を起こしません。
例) 먹다の해요体「食べます」：×먹요　○먹어요

6-1 語幹に −요をつけて、「〜です、〜ます」の形にしましょう。

> 일어나다 起きる　자다 寝る　지나다 過ぎる　차다 冷たい

① 起きます

| 일 | 어 | 나 | 요 |

② 寝ます

③ 過ぎます

④ 冷たいです

> なるほど…
> ㅏ ㅓ ㅕ ㅐ ㅒ の5つの母音は、
> 全部文字の中に ㅏ か ㅓ が
> 含まれているんだね。

6-2 해요体から −요(?)を取り外して−다をつけなおし、元の辞書形に戻しましょう。

① 사요?　買いますか　＿＿＿＿＿＿＿＿＿（買う）

② 켜요?　(電気を)つけますか　＿＿＿＿＿＿＿＿＿（[電気を]つける）

③ 지내요　過ごします　＿＿＿＿＿＿＿＿＿（過ごす）

④ 비싸요　(値段が)高いです　＿＿＿＿＿＿＿＿＿（[値段が]高い）

7 縮約形（2）

～です（か）、～ます（か）　해요체〈3〉

来ます

合体できるね！

基本形	例
（語幹） ㅗ+ㅏ요 → ㅘ요	오다 → 와요　来ます
ㅜ+ㅓ요 → ㅝ요	배우다 → 배워요　習います
ㅣ+ㅓ요 → ㅕ요	마시다 → 마셔요　飲みます
ㅚ+ㅓ요 → ㅙ요	되다 → 돼요　なります

:◦ 語幹末にパッチムが無く最後の母音が ㅗ ㅜ ㅣ ㅚ の場合は、これらの母音とㅏ요/ㅓ요を合体させて、해요체を作ります。

:◦ 아요/어요のㅇは音価の無い子音なので、縮約の際は必要なくなります。

もう一度
確認！

ㅣ+ㅓ요はㅔ요ではなく、ㅕ요です。
例）마시다の해요체「飲みます」：×마세요　○마셔요

語幹に ㅏ요か ㅓ요をつけて、「〜です、〜ます」の形にしましょう。

> 돌아오다 戻る　주다 あげる　다니다 通う　잘되다 うまくいく

① 戻ります

돌	아	와	요

② あげます

③ 通います

④ うまくいきます

 해요体から −ㅏ요/ㅓ요を取り外して−다をつけなおし、元の辞書形に戻しましょう。

① 나와요?　　出てきますか　＿＿＿＿＿＿＿＿　（出てくる）

② 바꿔요?　　変えますか　＿＿＿＿＿＿＿＿　（変える）

③ 기다려요　待ちます　＿＿＿＿＿＿＿＿　（待つ）

④ 가르쳐요　教えます　＿＿＿＿＿＿＿＿　（教える）

> なるほど…
> **쳐**と**처**は同じ音だけど、
> **가르처요**ではなくて
> **가르쳐요**と書くんだね。

8

不規則な形
해요体〈4〉

します

해요だよ～！

하요かな？

하 아요

基本形	例
하다 する	해요 します
이다 ～である	예요 / 이에요 ～です
母音終わりの名詞＋예요	여기예요 ここです
子音終わりの名詞＋이에요	학생이에요 学生です
(-가/이) 아니다 ～ではない、違う	내가 아니에요 ぼくではありません

- 하다用言と指定詞の이다・아니다は不規則な形の해요体になります。
- 하다用言の해요体である해요は、하＋여요が縮約したものです。
- -가/이 아니에요で「～ではありません」ですが、아니에요単体では「いいえ」または「違います」という意味になります。

もう一度
確認！

하다用言以外の語幹に해요をつけても해요体にはなりません。
例) 아니다の해요体「違います」：×아니해요　○아니에요
　　먹다の해요体「食べます」：×먹해요　○먹어요

8-1 名詞に−예요か이에요をつけて、해요体の「〜です」にしましょう。

남자 男の人	여자 女の人	오늘 今日	내일 明日

① 男の人です

남	자	예	요

② 今日です

③ 女の人です

④ 明日です

> なるほど…
> 예요「〜です」は、이에요 の
> 이 と 에 を縮めたところから
> 예 と綴るんだね。

8-2 합니다体 (−ㅂ/습니까?) で聞いて해요体 (−아/어요) で答えるやりとりを作りましょう。

① 사랑하다 　A: **사랑합니까?** 　　愛していますか
　　　　　　　B: **네, 사랑해요.** 　はい、愛しています

② 싫어하다 　A: ＿＿＿＿＿＿＿＿ 　嫌いですか
　　　　　　　B: ＿＿＿＿＿＿＿＿ 　はい、嫌いです

③ 새가 아니다 　A: ＿＿＿＿＿＿＿ 　鳥ではありませんか
　　　　　　　B: ＿＿＿＿＿＿＿＿ 　はい、鳥ではありません

④ 술이 아니다 　A: ＿＿＿＿＿＿＿ 　酒ではありませんか
　　　　　　　B: ＿＿＿＿＿＿＿＿ 　はい、酒ではありません

해요体の使い方
すべては言い方次第

疑問文の作り方は、합니다体と해요体で異なります。まず합니다体では、平叙文の語尾 −ㅂ니다/습니다の다を까に変えて、−ㅂ니까/습니까？とすると疑問文になります。

A : **먹습니까?** 食べますか。　　B : **네, 먹습니다.** はい、食べます。

A : **갑니까?** 行きますか。　　B : **네, 갑니다.** はい、行きます。

해요体は합니다体と違って平叙文も疑問文も同じ形を使います。文末のイントネーションだけで平叙文と疑問文を区別するのです。

韓国に行きます

한국에 가요.

語尾を下げると平叙文になります。

ソウル駅に行きますか？

서울역에 가요?

語尾を上げると疑問文になります。

また 해요体は、イントネーションやいっしょに使う単語によって「〜しなさい」「〜してください」といった命令の意味や、「〜しましょう」と誘う意味にもなります。

こっちに行きなさい

이쪽으로 가요.

ちょっと強めに発音すると
命令の意味にもなります。

같이 가요.

少し甘えるように語尾を延ばして
波打つイントネーションにすると
「〜しましょう」と勧誘する意味に
なります。
같이「いっしょに」が文に入って
いると「〜しましょう」の意味で
使われている可能性が高いです。

いっしょに行きましょう

5分間の **力だめし！**

❖ 日本語の意味に合うように、正しいものを選んでください。
（　　）の中は辞書形です。

❶ 공원에서 (놀어요 / 놀아요).

公園で遊びます。（놀다）

❷ 저도 빵을 (먹요 / 먹어요).

私もパンを食べます。（먹다）

❸ 커피를 (마셔요 / 마세요)?

コーヒーを飲みますか。（마시다）

❹ 소주하고 막걸리를 (좋아해요 / 좋아하요).

焼酎とマッコリが好きです。（좋아하다）
▽ −를 / 을 좋아하다で「～が好きだ」

❺ 저는 학생이 (아니해요 / 아니에요).

私は学生ではありません。　（아니다）
▽ −가 / 이 아니다で「～ではない」

▶5～8の答え
① (놀어요 / 놀아요)
② (먹요 / 먹어요)
③ (마셔요 / 마세요)?
④ (좋아해요 / 좋아하요)
⑤ (아니해요 / 아니에요)

否定表現 (1)
〜 (し) ない、〜くない

9 안＋用言
10 -지 않다
11 없다·아니다·모르다
❖ 「ありません」が4つ?

💎 学習のポイント
- 否定形には動詞や形容詞の前に置く前置形 안と、語幹につける後置形 -지 않다があります。
- 있다 (ある·いる) や이다 (である)、알다 (わかる·知る) はペアになる否定語を使います。

	해요体	합니다体
食べません	안 먹어요	안 먹습니다
	먹지 않아요	먹지 않습니다
よくありません	안 좋아요	안 좋습니다
	좋지 않아요	좋지 않습니다

9 안+用言

～（し）ない、～くない　（前置形）

食べません

ここだよ！

どこに置いたら
いいの？

基本形	例
안+用言	안 먹어요　食べません 안 좋습니다　よくありません
【하다動詞】名詞+안+ 하다	공부 안 해요　勉強しません

- 動詞や形容詞の活用形の前に안を置くと「～ません」「～くありません」の意味になります。안は主に話し言葉で使われます。
- 用言の前に否定表現を置くので前置形と言います。
- 名詞+하다からなる하다動詞は、안が名詞と하다の間に割って入ります。

もう一度
確認！

〇〇하다の形を取る動詞・形容詞を하다用言と言いますが、안が名詞と하다の間に割って入るのは、하다用言のうち動詞の場合だけです。

例）形 유명하다（有名だ）の否定形：×유명 안 해요

動 공부하다（勉強する）の否定形：〇공부 안 해요

안を用いて、否定の表現（해요体）を作りましょう。

> 놀다 遊ぶ　싸다 安い　비싸다 高い　싸우다 喧嘩する

① 遊びません

안	놀	아	요

② 安くありません

③ 喧嘩しません

④ 高くありません

☞ 안のあとは一文字空けて、分かち書きをします。

9-2 A「～しないんですか（안 －아/어요?）」、B「あ、～します（－ㅂ/습니다）」でやりとりを作りましょう。

① 먹다　　A：**안 먹어요?**　　　食べないんですか
　　　　　B：**아, 먹습니다.**　　あ、食べます

② 마시다　A：　　　　　　　　飲まないんですか
　　　　　B：　　　　　　　　あ、飲みます

③ 받다　　A：　　　　　　　　もらわないんですか
　　　　　B：　　　　　　　　あ、もらいます

④ 노래하다 A：　　　　　　　　歌わないんですか
　　　　　B：　　　　　　　　あ、歌います

> なるほど…
> **하다** 用言はすべて「～する」
> という意味ではないんだね。

10

―지 않다

～(し)ない、～くない　　（後置形）

行きません

「지」と「않」の間は
くっつけないでね！

가 지 않아요

基本形	例
語幹+지 않다	가다　→　가지 않아요　行きません 좋다　→　좋지 않습니다　よくありません

- 語幹の後ろに지 않다をつけると否定表現になります。意味は前置否定形の「안」と同じです。
- 話し言葉だけではなく書く時も用いられます。
- 語幹のあとに否定表現を置くので後置形と言います。
- 합니다体は―지 않습니다、해요体は―지 않아요です。

もう一度
確認！

안と않の綴りを取り違えないようにしましょう。
例）먹다の否定「食べません」：×먹지 안습니다
　　　　　　　　　　　　　　○먹지 않습니다

10-1 次の質問に −지 않습니다 を用いて、否定で返事しましょう。

① A : 어렵습니까? 　　　　　　難しいですか

　 B : (**어렵지 않습니다.**) 難しくありません

② A : 쉽습니까? 　　　　　　　簡単ですか

　 B : (　　　　　　　　) 簡単ではありません

③ A : 맵습니까? 　　　　　　　辛いですか

　 B : (　　　　　　　　) 辛くありません

④ A : 짭니까? 　　　　　　　塩辛いですか

　 B : (　　　　　　　　) 塩辛くありません

10-2 A「〜しないんですか (−지 않아요?)」、B「あ、〜します (−아 / 어요)」というやりとりを作りましょう。

① 내리다 　A : **내리지 않아요?** 　降りないんですか

　　　　　B : **아, 내려요.** 　あ、降ります

② 나가다 　A : ＿＿＿＿＿＿＿＿ 　出かけないんですか

　　　　　B : ＿＿＿＿＿＿＿＿ 　あ、出かけます

③ 읽다 　　A : ＿＿＿＿＿＿＿＿ 　読まないんですか

　　　　　B : ＿＿＿＿＿＿＿＿ 　あ、読みます

④ 일하다 　A : ＿＿＿＿＿＿＿＿ 　働かないんですか

　　　　　B : ＿＿＿＿＿＿＿＿ 　あ、働きます

なるほど…
後置否定では **하다** 動詞も
語幹＋ **지 않다** なんだね。

11 없다・아니다・모르다

いません

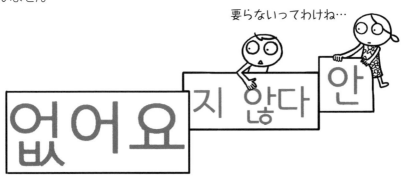

要らないってわけね…

없어요 지 않다 안

基本形

있다 ある・いる	⇔	없다 ない・いない
이다 ～である	⇔	(－가/이) 아니다 ～ではない 母音終わりの名詞＋가 아닙니다 / 아니에요 子音終わりの名詞＋이 아닙니다 / 아니에요
알다 わかる・知る	⇔	모르다 わからない・知らない

- 있다（ある・いる）と이다（～である）、알다（わかる・知る）は、それぞれペアの否定語を用います。

- 韓国語の文法で있다と없다は「存在詞」というグループに分類しており、動詞や形容詞から区別されています。

もう一度
確認！

있다・이다・알다は、基本的に前置否定안や後置否定 －지 않다とともに使われることはありません。

例）있다の否定「いません」：×안 있어요 ○없어요

与えられた語句を用いて、A「〜ですか（−예요?/이에요?）」、B「〜ではありません（−가/이 아니에요）」というやりとりを作りましょう。

① 생일　誕生日

A : 생일이에요?

B : 생일이 아니에요.

② 애인　恋人

A : _____

B : _____

③ 감기　風邪

A : _____

B : _____

 次の質問に없다を用いて、否定で返事しましょう。

① A : 자신 있어요?　　　　　自信ありますか

B : 아뇨, 자신 없어요.　　いいえ、自信ありません

② A : 시간 있어요?　　　　　時間ありますか

B : 아뇨, _____　いいえ、時間ありません

③ A : 맛있어요?　　　　　　おいしいですか

B : 아뇨, _____　いいえ、おいしくありません

④ A : 재미있어요?　　　　　面白いですか

B : 아뇨, _____　いいえ、面白くありません

なるほど… 맛있다（おいしい）は
맛（味）＋ 있다（ある）なんだね。

「ありません」が4つ？

　日本語の否定表現「ありません」を韓国語にしようとすると、それがいくつかの韓国語表現に対応しているため少し注意が必要です。どんな文型の、どんな意味の「ありません」なのかを区別しないと間違えてしまうかもしれません。

お金がありません

돈이 없어요.

「存在しない」という意味の「(〜が) ありません」には없다を使います。

팬이 아니에요.

「名詞＋ではない」の意味の「(〜では) ありません」は아니다で表現します。

ファンではありません

形容詞（日本語文法の形容動詞も含む）の否定表現でも「～くありません」や「～では
ありません」という形で「ありません」が出てきますが、これらを韓国語にする場合は、
その形容詞を안や －지 않다を用いて否定表現にします。

高くありません

비싸지 않아요.

形容詞の否定文
「（～く）ありません」は
안や －지 않다を用いて
その形容詞を否定文にします。

きれいではありません

예쁘지 않아요.

「きれいだ」も形容詞なので
아니다ではなく안や －지 않다で
否定文を作ります。

❖日本語の意味に合うように、正しいものを選んでください。

❶ 집에서 회사까지 한 시간 (안 걸려요 / 않 걸려요).

家から会社まで 1 時間かかりません。

❷ 오늘부터 (게임 안 해요 / 안 게임해요).

今日からゲームしません。

❸ 술 (마시지 안아요 / 마시지 않아요)?

お酒、飲まないんですか。

❹ 그것은 제 우산이 (아녀요 / 아니에요).

それは私の傘ではありません。▽ −가/이 아니다で「〜ではない」

❺ 이 소설은 (재미없어요 / 재미있지 않아요).

この小説は面白くありません。

▶9〜11の答え
  ① (안 걸려요 / 않 걸려요)
  ② (게임 안 해요 / 안 게임해요)
  ③ (마시지 안아요 / 마시지 않아요)?
  ④ (아녀요 / 아니에요)
  ⑤ (재미없어요 / 재미있시 않아요)

過去形

～（し）ました
～でした

🟢 学習のポイント

- 過去形を作る「-았 / 었-」の形を覚えます。
- 해요体と同様、母音語幹と過去形 -았 / 었- の母音縮約に注意しましょう。
- 해요体と同様、하다用言と指定詞の過去形は例外として覚えなければなりません。

食べました	먹**었**어요
	먹**었**습니다
よかったです	좋**았**어요
	좋**았**습니다

12

-았/었-

～（し）ました、～でした　　過去形〈1〉

売りました

トがそろっているからOK！

팔았습니다

基本形	例	
陽母音（ㅏ、ㅑ、ㅗ）語幹＋았＋語尾	팔다　→　**팔았습니다**	売りました
陰母音（ㅏ、ㅑ、ㅗ以外）語幹＋었＋語尾	싫다　→　**싫었어요**	嫌でした
하다用言　　　하＋였→했＋語尾	일하다　→　**일했어요**	働きました

- 過去形は語幹のすぐ後ろに−았/었−をはさみ込むだけです。−았/었−の使い分けは、해요体を作る時の−아요/어요の区別と同じです。

- 하다用言は、하＋였が縮約して−했−になります。

- 過去합니다体は−았/었습니다、過去해요体は−았/었어요です。

もう一度
確認！

過去を表す−았/었−につづく해요体の語尾は常に어요であり、아요が来ることはありません。
例）좋다の過去形「よかったです」：×좋았아요　○좋았어요

名詞につづく動詞を選び、線で結びましょう。動詞に−았 /
었습니다をつけて、過去形 (합니다体) にしてください。

① 옷을　　　　　•────────────• a. 입다
服を着ました　　　　　　　　　　　（　入었습니다.　　　　　）

② 도시락을　•　　　　　　• b. 신다
お弁当を入れました　　　　　　　　（　　　　　　　　　　　）

③ 구두를　•　　　　　　　• c. 넣다
靴を履きました　　　　　　　　　　（　　　　　　　　　　　）

④ 문을　•　　　　　　　　• d. 닫다
ドアを閉めました　　　　　　　　　（　　　　　　　　　　　）

なるほど…過去形は、해요体の語尾
−아요 / 어요 の付け方と同じ要領なんだね。

A「〜しましたか (−했어요?)」、B「〜しました (−했습니다)」
という過去形のやりとりにしましょう。

① 축구를 하다　サッカーをする
　A : 축구를 했어요?
　B : 네, 했습니다.

② 음악을 좋아하다　音楽が好きだ
　A : ＿＿＿＿＿＿＿＿＿＿＿＿＿＿
　B : ＿＿＿＿＿＿＿＿＿＿＿＿＿＿
　　　▽ −를 / 을 좋아하다 / 싫어하다で「〜が好きだ / 嫌いだ」

③ 운동을 싫어하다　運動が嫌いだ
　A : ＿＿＿＿＿＿＿＿＿＿＿＿＿＿
　B : ＿＿＿＿＿＿＿＿＿＿＿＿＿＿

13 縮約形（1）

～（し）ました、～でした　　過去形〈2〉

乗りました

基本形				例			
（語幹）	ト +	았	＋語尾	타다	→	탔습니다	乗りました
	ᅥ +	었	＋語尾	서다	→	섰습니다	立ちました
	ᅧ +	었	＋語尾	켜다	→	켰어요	（電気を）つけました
	ᅢ +	었	＋語尾	보내다	→	보냈어요	送りました
	ᅦ +	었	＋語尾	세다	→	셌어요	強かったです

↳ 아 / 어 は省略する

- 해요体の時と同じく母音語幹のうち、ト ᅥ ᅧ ᅢ ᅦ の母音で終わる語幹は、−았 / 었の아 / 어を省略し、ㅆだけをつけて過去形にします。
- 過去합니다体は−ㅆ습니다、過去해요体は−ㅆ어요です。

もう一度
確認！

語幹にパッチムがある場合はパッチムが母音の連続を妨げるので、縮約を起こしません。
例）먹다の過去形「食べました」：×멌어요　○먹었어요

13-1 名詞につづく動詞を選び、線で結びましょう。動詞に－ㅆ습니다をつけて、過去形（합니다体）にしてください。

① 늦게　　　•
　遅く寝ました

　　　　　　　　　　　　• a. 자다
　　　　　　　　　　　（ **잤습니다.** 　　　　　）

② 일찍　　　•
　早く起きました

　　　　　　　　　　　　• b. 세다
　　　　　　　　　　　（ 　　　　　　　　　　）

③ 바람이　　•
　風が強かったです

　　　　　　　　　　　　• c. 일어나다
　　　　　　　　　　　（ 　　　　　　　　　　）

④ 편지를　　•
　手紙を送りました

　　　　　　　　　　　　• d. 보내다
　　　　　　　　　　　（ 　　　　　　　　　　）

> なるほど…過去形の縮約も、**해요**体の
> **－아요／어요**を付ける時と同じ要領なんだね。

13-2 A「〜しましたか（－았/었어요?）」、B「いいえ、〜しませんでした（안 －았/었습니다）」という過去形のやりとりにしましょう。

① 옷을 사다　　服を買う

　A : **옷을 샀어요?**

　B : **아뇨, 안 샀습니다.**

② 가방이 비싸다　　カバンが高い

　A : _____

　B : _____

③ 돈을 내다　　お金を出す

　A : _____

　B : _____

14 縮約形 (2)

~(し)ました、~でした　　過去形 〈3〉

来ました

基本形	例
(語幹) ㅗ+았 → 왔+語尾	오다 → 왔습니다　来ました
ㅜ+었 → 웠+語尾	배우다 → 배웠어요　習いました
ㅣ+었 → 셨+語尾	마시다 → 마셨어요　飲みました
ㅚ+었 → 됐+語尾	되다 → 됐어요　なりました

- 母音語幹のうち、ㅗ ㅜ ㅣ ㅚ の母音で終わる語幹は、ㅗ ㅜ ㅣ ㅚ と았/었を組み合わせ、合体させて過去形を作ります。

- 過去합니다体は過去形の後に−습니다を、過去해요体は過去形の後に−어요です。（過去形の後に−아요が来ることはありません）

もう一度確認！

ㅣ+었は옜ではなく、였です。
例) 마시다の過去形「飲みました」：×마셨어요　○마셨어요

名詞につづく動詞を選び、線で結びましょう。動詞に **-ㅆ/었습니다** をつけて、過去形 (**합니다**体) にしてください。

① 영화를　●━━━━━━━●　a. 보다
映画を観ました　　　　　　　（ **봤습니다.** 　　　　　　）

② 커피를　●　　　　　　　　●　b. 다니다
コーヒーを飲みました　　　　（　　　　　　　　　　　　）

③ 대학에　●　　　　　　　　●　c. 배우다
大学に通いました　　　　　　（　　　　　　　　　　　　）

④ 한국어를　●　　　　　　　●　d. 마시다
韓国語を学びました　　　　　（　　　　　　　　　　　　）

なるほど… **해요** 体から **요** を取って
ㅆ습니다、ㅆ어요 を付けると
過去形になるよね。

A「〜しましたか (**-았/었어요?**)」、B「ええ、〜しました (**-았/었습니다**)」という過去形のやりとりにしましょう。

① 회사에 나오다　会社に出てくる

　A : **회사에 나왔어요?**

　B : **네, 나왔습니다.**

② 일이 잘되다　仕事がうまくいく

　A : ＿＿＿＿＿＿＿＿＿＿＿＿＿＿

　B : ＿＿＿＿＿＿＿＿＿＿＿＿＿＿

③ 사장이 되다　社長になる

　A : ＿＿＿＿＿＿＿＿＿＿＿＿＿＿

　B : ＿＿＿＿＿＿＿＿＿＿＿＿＿＿

　▽ **-가/이 되다** で「〜になる」

15 指定詞の過去形

～でした、～ではありませんでした　　過去形〈4〉

去年でした

ここ「였」に縮めなくても
いいんだよね！

작년이었어요

パッチムがあるからね…

基本形

이다 ～である
　母音終わりの名詞＋ 였습니다 / 였어요 　～でした
　子音終わりの名詞＋ 이었습니다 / 이었어요 　～でした

아니다 ～ではない
　（－가 / 이） 아니었습니다 / 아니었어요 　～ではありませんでした

🐾 이다「～である」の過去形は－이었もしくは－였になります。母音終わりの
　名詞のあとでは이었は縮約して였になります。

🐾 아니었습니다 / 아니었어요は아녔습니다 / 아녔어요と縮約することは
　ありません。

Plus⁺
ONE
　後置否定の過去形は、～지 않았습니다 / 않았어요という形になります。
　例）行きませんでした：×갔지 않아요　○가지 않았어요

名詞に－였어요か－이었어요をつけて、「～でした」という文
にしましょう。

> 의사 医者　요리사 コック　선생님 先生　교장 校長

① 医者でした

의사였어요

② 先生でした

③ コックでした

④ 校長でした

 15-2　A「～でしたか（－이었어요?／였어요?）」、B「～ではありま
せんでした（－가／이　아니었어요）」というやりとりを作りま
しょう。

① 사장님　社長

A：사장님이었어요?

B：사장님이　아니었어요.

② 일본　영화　日本映画

A：

B：

③ 영어　교사　英語の教師

A：

B：

④ 한국　사람　韓国人

A：

B：

なるほど… **이다**と**아니다**の
過去形は不規則なんだね。

5分間の**力だめし！**

❖日本語の意味に合うように、正しいものを選んでください。

❶ 이것보다 그게 더 (좋었어요 / 좋았어요).

これよりそれのほうがよかったです。

❷ 하나만 (샀어요 / 샀아요).

ひとつだけ買いました。

❸ 서울호텔로 (갔어요 / 갔요)?

ソウルホテルへ行きましたか。

❹ 호텔까지 택시로 (왔어요 / 웠어요).

ホテルまでタクシーで来ました。

❺ 어제는 회사에 (갔지 않아요 / 가지 않았어요).

昨日は会社に行きませんでした。

▶ 12〜15の答え

① (좋었어요 / 좋았어요)

② (샀어요 / 샀아요)

③ (갔어요? / 갔요?)

④ (왔어요 / 웠어요)

⑤ (갔지 않아요 / 가지 않았어요)

慣用表現 (1)

進行・希望

16 - 고 있다

❖「～（し）ていない」は?

17 - 고 싶다

🧊 学習のポイント

・進行を表す「－고 있다 ～している」とその活用形を確認します。

・「～していない」に当たる韓国語表現は何かを考えてみます。

・希望を表す「－고 싶다 ～したい」とその活用形を確認します。

寝ています	자고 있어요
寝ていました	자고 있었어요
食べたいです	먹고 싶어요
食べたかったです	먹고 싶었어요

16

-고 있다

~（し）ている （現在進行形）

聞いています

「고」が「~て」に
当たるんだ！

基本形	例	
語幹+고 있다	듣고 있습니다	聞いています
	살고 있어요	住んでいます
	공부하고 있었어요	勉強していました

- 韓国語の「~している」に当たる表現は、動詞の後ろに「~て」に当たる고と、「いる」を意味する있다をつけるだけです

- -고 있- の後に합니다体や해요体、過去形などの語尾が来ます。

もう一度
確認！

-고と있다の間は分かち書きします。
例）×살고있습니다 　○살고 있습니다

16-1 名詞につづく動詞を選び、線で結びましょう。–고 있습니다 を使って、「〜しています」という表現にしましょう。

① 음악이　•　　　　　　　•　a. 흐르다
　音楽が流れています　　　　　(흐르고 있습니다.)

② 눈이　　•　　　　　　　•　b. 쓰다
　雪が降っています　　　　　　(　　　　　　　)

③ 결혼을　•　　　　　　　•　c. 내리다
　結婚を考えています　　　　　(　　　　　　　)

④ 편지를　•　　　　　　　•　d. 생각하다
　手紙を書いています　　　　　(　　　　　　　)

 16-2 質問にふさわしい単語を選び、–고 있어요の語尾で返事しましょう。

> 물 水　요리　책 料理の本　비빔밥 ビビンパ　숙제 宿題

① A : 뭘 마셔요?　何を飲んでいますか
　B : (물을 마시고 있어요.)

② A : 뭘 만들어요?　何を作っていますか
　B : (　　　　　　　　　)

③ A : 뭘 봐요?　何を見ていますか
　B : (　　　　　　　　　)

④ A : 뭘 해요?　何をしていますか
　B : (　　　　　　　　　)

なるほど…
해요も**하고 있어요**も
「〜しています」の意味になるんだね。

お悩み解決コーナー ④

「～(し)ていない」は？

고 있다「～している」の否定形「～していない」は、韓国語でどう表現するのでしょうか。

있다「いる」の否定は 없다「いない」だから…

고 없다??

間違い！
こんな言い方は無いんだ…

안 하다/하지 않다!

「～していない」は、
現在形で言うのが普通

では、こんなやりとりの場合はどうでしょう？

男女の話し言葉
男「夕食はもう食べましたか」
女「いいえ、まだ食べていません」

上の会話の「食べていません」を韓国語にする時に、안 먹어요とは言わないんだ。過去形で聞かれたら過去形のまま否定にするのさ

だから、上のやりとりは韓国語で…

男女の話し言葉
男「저녁은 벌써 먹었어요?」
女「아뇨, 아직 안 먹었어요」

となるわけです。

つまり、「～した？」の返事としての「～していない」は、
～지 않았다 あるいは 안 ～았/었다 です。

「過去形で聞かれたら過去形で返す！」

17

-고 싶다

~（し）たい　（希望の表現）

食べたいです

「고」は
「～て」じゃなかったの？

먹고 싶어요

基本形	例	
語幹+고 싶다	먹고 싶어요	食べたいです
	자고 싶습니다	寝たいです
	일하고 싶었어요	働きたかったです

:● -고 싶다で「～したい」を意味します。

:● -고 싶- のあとに 합니다体や 해요体、過去形などの語尾が来ます。

Plus+
ONE

日本語では「～をしたい」の代わりによく「～がしたい」と言いますが、
韓国語では「가 / 이 =が」より「를 / 을 =を」を使うことが多いです。
例）冷麺が食べたいです　냉면을 먹고 싶어요.

17-1 名詞につづく動詞を選び、線で結びましょう。－고 싶습니다
を使って、「～したいです」という表現にしましょう。

① 냉면을 •
冷麺が食べたいです

• a. 먹다
(먹고 싶습니다.)

② 잠을 •
寝たいです

• b. 자다
( )

③ 하루 •
一日休みたいです

• c. 가다
( )

④ 한국에 •
韓国に行きたいです

• d. 쉬다
( )

17-2 質問にふさわしい単語を選び、－고 싶어요の語尾で返事しま
しょう。

┌───┐
│ 주스 ジュース 한국말 韓国語 가방 カバン 야구 野球 │
└───┘

① A：뭘 마셔요? 何を飲みますか
　 B：(주스를 마시고 싶어요.)

② A：뭘 배워요? 何を学びますか
　 B：( )

③ A：뭘 사요? 何を買いますか
　 B：( )

④ A：뭘 해요? 何をしますか
　 B：( )

┌──────────────────────────────┐
│ なるほど… │
│ 고を忘れないように「～したい」 │
│ ＝고 싶다 の形で覚えておこう。 │
└──────────────────────────────┘

5分間の力だめし！

❖ 日本語の意味に合うように、正しいものを選んでください。

❶ A : 점심 먹었어요?
　　昼ご飯は食べましたか。

　 B : 아뇨, 안 (먹고 있어요 / 먹었어요).
　　いいえ、食べていません。

❷ 한국 사람같이 (말하고 싶어요 / 말해 싶어요).
　韓国人のように話したいです。

❸ 친구에게 한국어를 (가르치고 있요 / 가르치고 있어요).
　友達に韓国語を教えています。

❹ 지금 밥을 (먹고 싶지 않아요 / 먹고 싶지 않았어요).
　いまご飯を食べたくありません。

❺ 은행에서 (일하고 싶었어요 / 일했고 싶어요).
　銀行で働きたかったです。

▶ 16 ～17 の答え
　① (먹고 있어요 / 먹었어요)
　② (말하고 싶어요 / 말해 싶어요)
　③ (가르치고 있요 / 가르치고 있어요)
　④ (먹고 싶지 않아요 / 먹고 싶지 않았어요)
　⑤ (일하고 싶었어요 / 일했고 싶어요)

尊敬 (敬語)

❖ **韓国語の敬語はいつ使う?**

18 -(으)십니다
19 -(으)세요
20 特殊な形

❖ **「いらっしゃる」が多すぎる!**

21 -(으)셨 -
22 - 지 않으시 -

💎 **学習のポイント**

・どのような場面で敬語が使われるのかを確認します。

・尊敬합니다体、尊敬해요体、尊敬＋過去、尊敬＋否定の形と、その接続の仕方を押さえます。

・「召し上がる」「お休みになる」などの特殊な敬語形を覚えます。

・ㄹ語幹用言は、「시」の前でㄹが消えてしまいます。

（ㄹ語幹用言については、246 頁参照）

敬語はいつ使う？

　日本語では、接客などのビジネスの場を除けば、「です・ます」で話せば充分に丁寧だと考える人が増えてきています。でも韓国語の世界では、もっと広く敬語が使われています。もし次の場面を韓国語にするなら、色の部分を敬語にしなければなりません。

お薬きちんと飲めば
すぐ治りますよ

上の世代の人にこの言葉遣い
では、丁寧さが不十分です。
敬語を使わなければなりません。

おじいちゃん、
昔何してたの？

家族や親戚間でも
上の世代の人には
敬語を使うのが基本です。

割と年の近い人でも
先輩や上司であれば
敬語で話します。

いくら親しくなっても
先生には敬語が基本です。
ましてやため口は
ありえません。

たとえ自分より若くても
先生は先生です。
やっぱり敬語を使います。

　韓国語では日本語とは違って、自分の両親を含めすべての年上の人に敬語を使うのが
普通です。では、具体的に敬語の作り方を見てみましょう。

18

-(으)십니다
～られます、お～になります　尊敬〈1〉

読まれます

ちゃんと「으」が入っている♪

읽으십니다

基本形		例		
母音語幹＋십니다		바쁘다	→	바쁘십니다　お忙しいです
子音語幹＋으십니다		읽다	→	읽으십니다　読まれます
ㄹ語幹（ㄹが消える）＋십니다		알다	→	아십니다　ご存じです

🐾 －(으)십니다は尊敬を表す－(으)시に、합니다体の －ㅂ니다がついた形
　　です。

🐾 ㄹ語幹はㄹが消えることに注意しましょう。

🐾 疑問形は、－(으)십니까?となります。

> **もう一度
> 確認！**　　－십니다をつけると、ㄹ語幹のㄹパッチムが消えます。
> 　　例）ご存じです：×알십니다　○아십니다

（　　）にふさわしい単語を選び、－(으)십니까? をつけて、文を完成させましょう。（おじいさんがおばあさんへのプレゼントを買うために店を訪れました）

찾다　　　크다　　　좋다　　　이다

① 할아버지, 뭘 (**찾으십니까?**　　　　　　)
　　おじいさん、何をお探しですか

② 할머니 생일 (　　　　　　　　　　　　)
　　おばあさんのお誕生日でいらっしゃいますか

③ 어떤 색이 (　　　　　　　　　　　　)
　　どんな色がいいですか

④ 할머니는 키가 (　　　　　　　　　　　　)
　　おばあさんは背がお高いですか

> なるほど… 相手が目上の人なら、
> 形容詞にも －으십니까? をつけるのか。

A「～くていらっしゃいますか －(으)십니까?」、B「はい、～です (－ㅂ/습니다)」というやりとりを完成させましょう。

① 요즘 바쁘다　　最近忙しい
　　A : 요즘 (**바쁘십니까?**　　　)
　　B : 네, (**바쁩니다.**　　　)

② 일은 재미있다　　仕事は面白い
　　A : 일은 (　　　　　　)
　　B : 네, (　　　　　　)

③ 집이 멀다　　家が遠い
　　A : 집이 (　　　　　　)
　　B : 네, (　　　　　　)

19 -(으)세요

～られます、お～になります　尊敬〈2〉

お忙しいですか

으は要らないのか…

바쁘세요?

基本形		例		
母音語幹＋세요		바쁘다	→	바쁘세요　お忙しいです
子音語幹＋으세요		읽다	→	읽으세요　読まれます
ㄹ語幹 (ㄹが消える)＋세요		알다	→	아세요　ご存じです

- -(으)세요は尊敬を表す -(으)시に、해요体の어요がついて-(으)세요に変わったものです。（으셔요ではありません）

- ㄹ語幹はㄹが消えることに注意しましょう。

- 疑問形は、-(으)세요?となります。

으시＋어요は으셔요ではなく、으세요です。
例）読まれます：×읽으셔요　○읽으세요

19-1　(　　)にふさわしい単語を選び、-(으)세요(?) をつけて、文を完成させましょう。(外出する祖母に孫娘が話しかけています)

> 예쁘다　　돌아오다　　살다　　가다

① 할머니, 어디 (**가세요?**　　　　　　)
　　おばあちゃん、どこに行かれるんですか

② 친구 분은 어디 (　　　　　　　　　)
　　お友達はどこに住んでいらっしゃいますか

③ 저녁 늦게 (　　　　　　　　　　)
　　夕方遅く帰って来られるんですか

④ 할머니, 오늘 진짜 (　　　　　　　　　)
　　おばあちゃん、今日本当におきれいです

19-2　A「～られますか -(으)세요?」、B「はい、～します (-ㅂ/습니다)」というやりとりを完成させましょう。

① 한국 노래를 좋아하다　　韓国の歌が好きだ
　　A : 한국 노래를 (**좋아하세요?**　　)
　　B : 네, (**좋아합니다.**　　)

② 이 가수를 알다　　この歌手を知っている
　　A : 이 가수를 (　　　　　　　)
　　B : 네, (　　　　　　)

③ 한국어로 부르다　　韓国語で歌う
　　A : 한국어로 (　　　　　　　)
　　B : 네, (　　　　　　)

> 리사이틀

> なるほど… 子音語幹と母音語幹で違うのは「으」が入るかどうかだね。

20 特殊な形

尊敬〈3〉

いらっしゃいますか

これでいいんだよ！

「있으십니까?」じゃないの？

드시다	召し上がる (먹다 食べる　마시다 飲む)	드십니다 / 드세요
잡수시다	召し上がる (먹다 食べる)	잡수십니다 / 잡수세요
주무시다	お休みになる (자다 寝る)	주무십니다 / 주무세요
돌아가시다	亡くなる (죽다 死ぬ)	돌아가십니다 / 돌아가세요
말씀하시다	おっしゃる (말하다 言う)	말씀하십니다 / 말씀하세요
계시다	いらっしゃる (있다 いる)	계십니다 / 계세요

※있다（ある）→ 있으십니다 / 있으세요 おありです

※없다（いない）→ 안 계시다 いらっしゃらない

:•: 日本語の「召し上がる」のように韓国語にも特殊な敬語を持つ用言があります。

　特殊な敬語は語幹にすでに「시」が含まれているため、語幹＋세요 / 십니다では「시」がだぶってしまいます。

例）召し上がります：×드시세요　○드세요

20-1 特殊な形の敬語(합니다体)を用いて、文を完成させましょう。

(祖父について説明しています)

① 할아버지는 일찍 (자다 → **주무십니다.**)

おじいさんは早くお休みになります

② 매일 아침 운동하고 (있다 →)

毎朝運動していらっしゃいます

③ 아침에는 커피와 빵을 (먹다 →)

朝はコーヒーとパンを召し上がります

④ 일요일에는 집에 (없다 →)

日曜日は家にいらっしゃいません

 20-2 ( )にふさわしいものを選び、−세요の形にして質問を完成させましょう。

| 있으시다　잡수시다　말씀하시다　계시다 |

① A : 누가 (**말씀하세요?**)

B : 제가 말합니다.

② A : 점심에는 뭘 ( )

B : 우동을 먹어요.

③ A : 내일 시간 ( )

B : 시간 없어요.

④ A : 내일 집에 ( )

B : 네, 집에 있어요.

なるほど…
있다 は「ある」と「いる」で
敬語形が違うんだね。

お悩み解決コーナー **❻**

「いらっしゃる」が多すぎる!

　日本語の「いらっしゃる」は「いる」「来る」「行く」などいくつもの用言の尊敬形です。韓国語ではそれぞれどの意味の「いらっしゃる」なのかによって、敬語表現が異なります。日本語の敬語表現「いらっしゃる」を普通の表現に直してみれば、どの意味の「いらっしゃる」なのかが区別できるでしょう。下の各場面の「いらっしゃる」を韓国語にしたら、どんな表現になるのか見てみましょう。

계십니까?
≒ いますか

「いる」という意味なので있다の敬語形계시다を使います。

오십니다.
≒来ます

この「いらっしゃる」は「来る」という意味なので오다の敬語形を使います。

こちらは○○新聞の記者の方でいらっしゃいます

～(이)십니다.
≒（記者）です

この「～でいらっしゃる」は「名詞＋だ」なので、이다の敬語形を使います。

예쁘십니다.
≒きれいです

この「～でいらっしゃる」は形容詞「きれいだ」の敬語なので、예쁘다の敬語形を使います。

いつもおきれいでいらっしゃいますね

やっぱり、エステとかにしょっちゅういらっしゃるんですか？

いえ、全然

가십니까?
≒行きますか

この「いらっしゃる」は「行く」の意味なので、가다の敬語形を使います。

21 −(으)셨−

〜られました、お〜になりました　尊敬〈4〉

読まれました

「시」と「었」の合体だね！

읽으셨어요

基本形		例	
母音語幹＋셨＋語尾		바쁘다　→　바쁘셨어요	お忙しかったです
子音語幹＋으셨＋語尾		읽다　→　읽으셨어요	読まれました
ㄹ語幹（ㄹが消える）＋셨＋語尾		알다　→　아셨습니다	ご存じでした

🐾 尊敬の −(으)시と過去の았/었をいっしょに使う時には、−(으)시 → 었の順で語幹に接続します。−(으)시＋었は縮約されて、−(으)셨という形になります。

🐾 疑問形は、−(으)셨습니까？/ −(으)셨어요？となります。

🐾 −(으)셨のあとには합니다体なら습니다、해요体なら어요をつけます。

もう一度確認！　並べる順番は시 → 었（＝셨）です。逆にしないように。
例）来られました：×왔으십니다　○오셨습니다

21-1 （　　　）にふさわしい単語を選び、−(으)셨어요を用いて、文を完成させましょう。(祖母について説明しています)

> 돌아가시다　　좋아하다　　주다　　살다

① 할머니는 5년 전에 (**돌아가셨어요.** 　　　　　)
おばあちゃんは5年前にお亡くなりになりました

② 10년쯤 우리와 같이 (　　　　　　　　　　　)
10年くらい私たちといっしょに暮らしておられました

③ 커피를 아주 (　　　　　　　　　　　)
コーヒーがとてもお好きでした

④ 용돈을 많이 (　　　　　　　　　　　)
お小遣いをたくさんくださいました

 21-2 A「〜されましたか (−(으)셨습니까?)」、B「はい、〜しました (−았/었습니다)」というやりとりを完成させましょう。

① 일이 많다　仕事が多い
A : 일이 (**많으셨습니까?** 　)
B : 네, (**많았습니다.** 　　　)

② 메일을 받다　メールを受け取る
A : 메일을 (　　　　　　　)
B : 네, (　　　　　　　)

③ 번역은 끝나다　翻訳は終わる
A : 번역은 (　　　　　　　)
B : 네, (　　　　　　　)

なるほど… 答える時に
−(으)ㅅを取るのが
大変だ!

22

-지 않으시-
~されません　尊敬〈5〉

行かれません

ここに「시」が入っているんだね

가지 않으세요

基本形	例	
語幹+지 않으시+語尾	가지 않으세요	行かれません
	바쁘지 않으십니다	お忙しくありません

- 前置否定は用言の前に안を置くだけですが、後置否定の場合は、語幹の直後ではなく않の後ろに－(으)시を挿入する方が一般的です。
- 합니다体の後置否定は－지 않으십니다、해요体の後置否定は－지 않으세요です。
- 疑問形は、－지 않으십니까?/－지 않으세요?となります。

語幹の直後に시を入れるより、않の後ろに시を入れる方が一般的です。
例）行かれません：△가시지 않아요　○가지 않으세요

（　　　）にふさわしい単語を選び、−지 않으세요を用いて、文を完成させましょう。(社長について説明しています)

쓰다	입다	많다	타다

① 휴대폰은 (쓰지 않으세요.　　　　　　　)
　　携帯はお使いになりません

② 지하철을 (　　　　　　　　　　　　　)
　　地下鉄にお乗りになりません　▽−를/을 타다で「〜に乗る」

③ 양복은 (　　　　　　　　　　　　　　)
　　スーツはお召しになりません

④ 말씀이 (　　　　　　　　　　　　　　)
　　ことば（数）は多くありません（無口です）

 ある先生について話をしています。敬語で質問と返事のやりとりを完成させましょう。(絵を見て、どちらの先生について言っているのか、当ててみましょう。)

① 키가 작다　背が低い
　　A : 키가 (작으십니까?　　　　　　　　)
　　B : 아뇨, 키는 (작지 않으십니다.　　)

② 안경을 쓰다　眼鏡をかける
　　A : 안경을 (　　　　　　　　　　　　)
　　B : 아뇨, 안경은 (　　　　　　　　　)

③ 머리가 길다　髪が長い
　　A : 머리가 (　　　　　　　　　　　　)
　　B : 아뇨, 머리는 (　　　　　　　　　)

なるほど… 않다 を子音語幹用言と考えて 으시 を接続するんだね。

❖日本語の意味に合うように、正しいものを選んでください。

❶ 부장님, 오후에 시간 (없으세요 / 없세요)?

部長、午後にお時間ございませんか。

❷ 아버지는 요즘 (바쁘지 않으세요 / 바쁘지 않세요).

お父さんは最近忙しくありません。

❸ 할아버지는 술을 많이 (드시세요 / 드세요).

おじいさんはお酒をたくさん召し上がります。

❹ 어느 분이 사장님 (이십니까 / 계십니까)?

どなたが社長さんでいらっしゃいますか。

❺ 할머니, 저녁에는 뭘 (만드셨어요 / 만들었으세요)?

おばあちゃん、夕食は何をお作りになりましたか。

▶ 18〜22 の答え

① (없으세요 / 없세요)?

② (바쁘지 않으세요 / 바쁘지 않세요)

③ (드시세요 / 드세요)

④ (이십니까 / 계십니까)?

⑤ (만드셨어요 / 만들었으세요)?

命令・依頼

～（し）てください、お／ご～ください

23 －（으）십시오
24 －（으）세요
25 － 아／어 주세요

❖ －（으）세요 vs － 아／어 주세요

💠 学習のポイント

・「～してください」に当たる表現 －（으）십시오と－（으）세요、－아／
어 주세요の形を覚えます。またその使い分けについて考えてみ
ます。

・ㄹ語幹用言の場合は、ㄹが消えて십시오と－세요がつきます。

23 -(으)십시오
～(し)てください、お/ご～ください　命令〈1〉

いらっしゃいませ

ここに敬語の「시」が入ってるね！

어서 오십시오

基本形	例	
母音語幹＋십시오	오다 → 오십시오	来てください
子音語幹＋으십시오	앉다 → 앉으십시오	お座りください
ㄹ語幹（ㄹが消える）＋십시오	놀다 → 노십시오	遊んでください

- −(으)십시오という語尾は、합니다体の丁寧な命令「～してください」に当たります。

- −(으)십시오の(으)시は、尊敬の(으)시なので、語幹との接続も敬語の作り方と同じです。（⇒ 68頁）

もう一度
確認！

語幹に尊敬の시をすでに含んでいる드시다などの特殊な敬語の場合は、−십시오の시と重なるので시を1つ省いて接続します。
例）召し上がってください：×드시십시오　○드십시오

23-1 −(으)십시오をつけて、話し言葉でよく使われる慣用表現にしてみましょう。

① 많이 (드시다 → **드십시오.**)
たくさん召し上がれ

② 어서 (오다 →)
(ようこそ) いらっしゃいませ

③ 안녕히 (주무시다 →)
お休みなさい

④ 새해 복 많이 (받다 →)
新年に福をたくさんもらってください (あけましておめでとうございます)

なるほど… **−십시오** を
使った決まり文句がたくさん
あるんだね。

23-2 ( ) にふさわしい動詞を選び、−(으)십시오を用いて、丁寧な命令「〜してください」にしましょう。

앉다   기다리다   오다   연락하다

① 여기 의자에 (**앉으십시오.**)
こちらの椅子におかけください

② 빨리 ( )
早く来てください

③ 잠시만 ( )
しばらくお待ちください

④ 내일 다시 ( )
明日また連絡してください

24

-(으)세요
～(し)てください、お/ご～ください　命令〈2〉

いらっしゃいませ

어서 오세요

「세요」って前にも出てきたよね…

基本形		例		
母音語幹+세요		오다 →	오세요	いらっしゃいませ
子音語幹+으세요		앉다 →	앉으세요	お座りください
ㄹ語幹 (ㄹが消える)+세요		놀다 →	노세요	遊んでください

- -(으)십시오の해요体での言い方は-(으)세요です。形は尊敬해요体（70頁）と同じですが、話し言葉では「～してください」という要請や指示を表す場合によく使われます。

- 「どうぞ（～してください）」と勧める表現としてもよく使われます。

もう一度確認！

語幹に尊敬の시をすでに含んでいる계시다などの特殊な敬語の場合は、-세요に含まれる시と重なるので시を1つ省いて接続します。
例）いらっしゃってください：×계시세요　○계세요

24-1 ー(으)세요を用いて、丁寧な命令「〜してください」にしましょう。

① (去る人に) さようなら　안녕히 (가십시오 → **가세요.**)

② (とどまる人に) さようなら　안녕히 (계십시오 →)

なるほど…命令の **ー세요** は ー **십시오** と文体が違うだけなんだね。

 24-2 ( ) にふさわしい動詞を選び、ー(으)세요を用いて文を完成させましょう。

주다	드시다	놓다	놀다

① 김치찌개 2인분 (**주세요.**)
キムチチゲ2人前ください

② 식탁 위에 ( )
食卓の上に置いてください

③ 찌개는 숟가락으로 ( )
チゲはスプーンで召し上がってください

④ 그럼, 즐겁게 ( )
では、楽しく遊んでください

24-3 ー(으)세요を用いて、「どうぞ〜 (してください)」と返事してみましょう。

① A : 저도 보고 싶어요.　　　　私も観たいです
　 B : 네, ( )　　ええ、どうぞ (観てください)

② A : 좀 쉬고 싶어요.　　　　ちょっと休みたいです
　 B : 네, ( )　　ええ、どうぞ (休んでください)

25 -아/어 주세요

～（し）てください　　（依頼）

まけてください

これが「て」に
当たるの？

そうみたい

基本形	例	
陽母音（ㅏ、ㅑ、ㅗ）語幹＋아 주세요	깎아 주세요	まけてください
陰母音（ㅏ、ㅑ、ㅗ以外）語幹＋어 주세요	들어 주세요	持ってください
하다用言 → 해 주세요	전화해 주세요	電話してください

- 「（どうか）～してください」という意味で、お願いや依頼の時に使います。
- 母音語幹の多くは、해요体の아요/어요や過去形の았/었を接続した時のように語幹と아/어の間で縮約が起きます（縮約については、28、30頁を参照）。
- 합니다体の －아/어 주십시오もあわせて覚えておきましょう。

もう一度
確認！

하다用言は、하＋여が縮約して、해になります。
例）してください：✕하 주세요　○해 주세요

25-1 -아/어 주세요를 用いて、お願いの文を完成させましょう。

① 보고 싶어요. (전화하다 → **전화해 주세요.**)
　会いたいです。電話してください

② 술 마시고 싶어요. 술을 (시키다 → ）
　お酒飲みたいです。お酒を注文してください

③ 힘이 없어요. 가방을 (들다 → ）
　元気がありません。カバンを持ってください

④ 시간이 늦었어요. 택시를 (잡다 → ）
　時間が遅くなりました。タクシーを捕まえてください

25-2 （ ）にふさわしいものを選び、-아/어 주세요を用いて文を完成させましょう。(買い物をしています)

| 깎다 | 사다 | 넣다 | 말씀하다 |

① 저 모자를 (**사 주세요.**)
　あの帽子を買ってください

② 가격을 다시 한번 （ ）
　値段をもう一度言ってください

③ 너무 비싸요. 좀 （ ）
　高すぎます。ちょっとまけてください

④ 이 가방에 （ ）
　このカバンに入れてください

なるほど…
語幹に -아/어 をつける時も
縮約が起きるんだね。

-(으)세요 vs -아/어 주세요

　日本語の「〜してください」に当たる表現は、大きく-(으)세요と-아/어 주세요に分かれます。-(으)세요は指示や命令、あるいは勧めのように上から目線の「〜してください」である一方、-아/어 주세요はお願いをする時に使います。

대답하세요.
答えてください

先生が学生に言う
「〜してください」は
お願いではなく、ふつう指示や
命令の -세요です。

가르쳐 주세요.
教えてください

自分のために「〜してください」と
お願いしているので
-아/어 주세요で表現します。

タクシーに乗ってください

택시를 타세요.

タクシーに乗ってください

自分のためではなく、
相手に教えてあげているので、
−세요を用います。

깎아 주세요.

まけてください

−아/어 주세요だと腰を低くして
お願いしている感じになります。
깎으세요だと強引に値引きを
迫っているように聞こえます。

まけてください

사세요～

買った、買った！

物売りの掛け声は、
お願いの表現よりも、
お勧めする感じで −세요を使う
のが普通です。

❖日本語の意味に合うように、正しいものを選んでください。

❶ 할아버지, 안녕히 (주무세요 / 주무시세요).
   おじいさん、お休みなさい。

❷ 그럼, 안녕히 (계십시오 / 있으십시오).
   では、お元気で（さようなら）。

❸ 저한테도 가방을 하나 (사 주세요 / 사세요).
   私にもカバンを1つ買ってください。

❹ 한국어 사전을 좀 (빌리세요 / 빌려 주세요).
   韓国語の辞書をちょっと貸してください。

❺ A : 도서관은 어디 있어요 ?
   B : 이 길을 똑바로 (가 주세요 / 가세요).
   A：図書館はどこにありますか。
   B：この道をまっすぐ行ってください。

▶ 23〜25 の答え
   ① (주무세요 / 주무시세요)
   ② (계십시오 / 있으십시오)
   ③ (사 주세요 / 사세요)
   ④ (빌리세요 / 빌려 주세요)
   ⑤ (가 주세요 / 가세요)

変則用言

26 으変則 (으不規則)
27 르変則 (르不規則)
28 ㄷ変則 (ㄷ不規則)
29 ㅅ変則 (ㅅ不規則)
30 ㅂ変則 (ㅂ不規則)

🧊 学習のポイント

・変則用言とは、−아/어요、−았/었−、−으세요などㅇで始まる語尾がつくと語幹の形が変わる用言のことです。いつ、どのように変わるのかを押さえておきます。

・形は同じでも変則用言もあれば正則用言もあるので注意してください。

活用　　　　　原形	正則活用の例	ㄷ変則活用の例
	받다 受け取る	듣다 聞く 〈ㄷ変則〉
−ㅂ/습니다	받습니다	듣습니다
−아/어요	받아요	들어요
−았/었−	받았어요	들었어요
−(으)세요	받으세요	들으세요

→ 語幹の形が変わった！

→ 語幹の받は変わらない！

26

으 変則
（으不規則）

忙しいです

「어요」じゃないのね！

辞書形	例　ここの ― が消える！
쓰다　書く	쓰+어요　→　**써요**　書きます
바쁘다　忙しい	바쁘+아요　→　**바빠요**　忙しいです

この ㅇ も消える！

- 쓰다（書く）、바쁘다（忙しい）、예쁘다（かわいい）など、語幹末が ― で終わる用言（「르」を除く）を으変則用言と言います。

- 으変則用言に －아/어요や －았/었などㅇで始まる語尾がつくと、語幹の母音 ― が消えます。

- 쓰다のように語幹が1音節の場合は必ず －어요や －었など陰母音のものがつきますが、바쁘다のように語幹が2音節の場合は ― の前の母音が陽母音か陰母音かによって陽母音か陰母音かが決まります。

もう一度
確認！

　　2音節の語幹は、― の前の母音が陽母音か陰母音かを確認しなければなりません。
　　例）예쁘다の해요体「かわいいです」：×예빠요　○예뻐요

原形 ＼ 語尾	「—」の脱落		変化なし	
	−아/어요	−았/었어요	−ㅂ니다	−세요
쓰다 書く	써요	썼어요	씁니다	쓰세요
바쁘다 忙しい	바빠요	바빴어요	바쁩니다	바쁘세요
예쁘다 かわいい	①	②	③	④

 ①합니다体、②해요体、③−았/었어요に活用してみましょう。

1) 배가 고프다　お腹が空く

　① 배가 고픕니다.　　お腹が空いています

　② 배가 고파요.　　お腹が空いています

　③ 배가 고팠어요.　　お腹が空きました

> なるほど…
> 変則はいつでも起こる
> わけじゃないんだね。

2) 키가 크다　背が高い

　① ＿＿＿＿＿＿＿＿＿＿　背が高いです

　② ＿＿＿＿＿＿＿＿＿＿　背が高いです

　③ ＿＿＿＿＿＿＿＿＿＿　背が高かったです

3) 머리가 아프다　頭が痛む

　① ＿＿＿＿＿＿＿＿＿＿　頭が痛いです

　② ＿＿＿＿＿＿＿＿＿＿　頭が痛いです

　③ ＿＿＿＿＿＿＿＿＿＿　頭が痛かったです

4) 주말에는 바쁘다　週末は忙しい

　① ＿＿＿＿＿＿＿＿＿＿　週末は忙しいです

　② ＿＿＿＿＿＿＿＿＿＿　週末は忙しいです

　③ ＿＿＿＿＿＿＿＿＿＿　週末は忙しかったです

27 르 変則

（르不規則）

わかりません

辞書形		例　ここの ― が消える！
모르다	わからない	모르＋아요 → 몰라요　わかりません
흐르다	流れる	흐르＋어요 → 흘러요　流れます

この ㅇ も消える！　　ここに ㄹ が追加！

- 모르다（わからない）、빠르다（早い）、흐르다（流れる）など語幹末が르で終わる用言を르変則用言と言います。

- 르 変則用言に −아/어요や −았/었など ㅇ で始まる語尾がつくと、語幹の母音 ― が消えると共に、ㄹパッチムが追加されます。つまり、■르어は▤러、■르아は▤라になります。

- 語幹末に르があっても、따르다（従う、注ぐ）、들르다（寄る）、치르다（支払う）は、「으変則」に属します。

もう一度確認！

2音節の語幹は、―の前の母音で陽母音語幹か陰母音語幹かが決まります。모르다の場合、르の前の母音が ㅗ なので陽母音語幹です。
例）모르다の해요体「知りません」：×몰러요　○몰라요

27-1 르変則用言の活用形の表を完成させましょう。

原形 ＼ 語尾	「ㅡ」の脱落、ㄹパッチムの追加		変化なし	
	−아/어요	−았/었어요	−ㅂ니다	−세요
흐르다 流れる	흘러요	흘렀어요	흐릅니다	흐르세요
빠르다 早い	빨라요	빨랐어요	빠릅니다	빠르세요
모르다 わからない	①	②	③	④

 27-2 ①합니다体、②해요体、③−았/었어요に活用してみましょう。

1) 노래를 부르다　歌を歌う

　① 노래를 부릅니다.　歌を歌います

　② 노래를 불러요.　歌を歌います

　③ 노래를 불렀어요.　歌を歌いました

> なるほど…
> **합니다** 体の時は
> 変則は起こらないんだね。

2) 지하철이 빠르다　地下鉄が速い

　① _____　地下鉄が速いです

　② _____　地下鉄が速いです

　③ _____　地下鉄が速かったです

3) 이야기가 다르다　話が違う

　① _____　話が違います

　② _____　話が違います

　③ _____　話が違っていました

4) 눈물이 흐르다　涙が流れる

　① _____　涙が流れます

　② _____　涙が流れます

　③ _____　涙が流れました

28 ㄷ 変則
（ㄷ不規則）

歩きます

辞書形	例	
걷다　歩く	걷＋어요　→　걸어요　歩きます 걷＋으세요　→　걸으세요　歩いてください	ㄷが ㄹに変わった！ ㄷが ㄹに変わった！

:● 걷다 (歩く)、듣다 (聞く)、묻다 (尋ねる) など語幹末のパッチムが「ㄷ」で
　終わる動詞の一部をㄷ変則用言と言います。

:● ㄷ変則用言に −아/어요や −았/었、−으세요など、ㅇで始まる語尾がつく
　と、語幹末のㄷパッチムがㄹに変わります。

:● 語幹末のパッチムがㄷであっても、받다 (受け取る)、닫다 (閉める)、얻다
　(もらう・得る)、주고받다 (やりとりする) などは正則用言なので、ㄷパッチ
　ムがㄹに変化することはありません。

もう一度
確認！
語幹末のパッチムがㄷで終わる動詞の一部のみがㄷ変則用言です。
例) 받다の해요体：×발아요　○받아요 ← 正則用言

ㄷ変則用言の活用形の表を完成させましょう。

原形 ＼ 語尾	語幹末のㄷ→ㄹ			変化なし
	−아요/어요(?)	−았/었어요(?)	−으세요(?)	−습니다
걷다 歩く 듣다 聞く 묻다 尋ねる	걸어요 들어요 ①	걸었어요 들었어요 ②	걸으세요? 들으세요? ③	걷습니다 듣습니다 ④

 ①−으세요?、②−습니다、③−았/었어요に活用してみましょう。

1) 음악을 듣다　音楽を聞く

① 음악을 들으세요?　音楽をお聞きになりますか

② 음악을 듣습니다.　音楽を聞きます

③ 음악을 들었어요.　音楽を聞きました

なるほど…
変則後の ㄹ は消えたり
しないんだね。

2) 역까지 걷다　駅まで歩く

① ＿＿＿＿＿＿＿＿＿＿　駅まで歩かれますか

② ＿＿＿＿＿＿＿＿＿＿　駅まで歩きます

③ ＿＿＿＿＿＿＿＿＿＿　駅まで歩きました

3) 선생님께 묻다　先生に尋ねる

① ＿＿＿＿＿＿＿＿＿＿　先生に尋ねられますか

② ＿＿＿＿＿＿＿＿＿＿　先生に尋ねます

③ ＿＿＿＿＿＿＿＿＿＿　先生に尋ねました

4) 한국어를 알아듣다　韓国語が聞き取れる

① ＿＿＿＿＿＿＿＿＿＿　韓国語がお聞き取りになれますか

② ＿＿＿＿＿＿＿＿＿＿　韓国語が聞き取れます

③ ＿＿＿＿＿＿＿＿＿＿　韓国語が聞き取れました

29 ㅅ変則
（ㅅ不規則）

治ります

縮約はしないのね…

辞書形	例	
짓다 （ご飯を）炊く	짓＋어요 → **지어요**	（ご飯を）炊きます
	짓＋으세요 → **지으세요**	（ご飯を）炊いてください

ㅅ が消えた！

ㅅ が消えた！

:● 짓다（炊く、建てる、(名前を) つける）、낫다（治る、ましだ）など語幹末のパッチムがㅅで終わる用言の一部をㅅ変則用言と言います。

:● ㅅ変則用言に −아 / 어요や −았 / 었、−으세요などㅇで始まる語尾がつくと、語幹末のㅅパッチムが消えます。なお、語幹末のㅅパッチムが消えた後に縮約は起きません。

:● 語幹末のパッチムがㅅであっても、웃다（笑う）、씻다（洗う）、벗다（脱ぐ）などは正則用言なので、ㅅパッチムが消えることはありません。

もう一度
確認！

ㅅ変則は、ㅅが消えても母音が縮約することは絶対ありません。
例）짓다の해요体「(ご飯を) 炊きます」：×저요　○지어요

ㅅ変則用言の活用形の表を完成させましょう。

原形　＼　語尾	「ㅅ」パッチムが落ちる			変化なし
	−아요/어요	−았/었어요	−으세요	−습니다
짓다 炊く、建てる 낫다 治る、ましだ 붓다 注ぐ	지어요 나아요 ①	지었어요 나았어요 ②	지으세요 나으세요 ③	짓습니다 낫습니다 ④

 ① −으세요?、② −았/었어요、③ −습니다 に活用してみましょう。

1) 집을 짓다　　家を建てる

　① 집을 지으세요.　家を建ててください
　② 집을 지었어요.　家を建てました
　③ 집을 짓습니다.　家を建てます

なるほど…
ㅅ変則は、縮約は
しないんだね。

2) 빨리 낫다　　早く治る

　①　＿＿＿＿＿＿＿＿＿＿　早く治ってください
　②　＿＿＿＿＿＿＿＿＿＿　早く治りました
　③　＿＿＿＿＿＿＿＿＿＿　早く治ります

3) 물을 붓다　　水を注ぐ

　①　＿＿＿＿＿＿＿＿＿＿　水を注いでください
　②　＿＿＿＿＿＿＿＿＿＿　水を注ぎました
　③　＿＿＿＿＿＿＿＿＿＿　水を注ぎます

4) 이름을 짓다　　名前をつける

　①　＿＿＿＿＿＿＿＿＿＿　名前をつけてください
　②　＿＿＿＿＿＿＿＿＿＿　名前をつけました
　③　＿＿＿＿＿＿＿＿＿＿　名前をつけます

ㅂ 変則

（ㅂ不規則）

暑いです

辞書形		例	

덥다 暑い

덥+어요 → **더워요** 暑いです
→ 어が워になった！

덥+으세요 → **더우세요?** 暑いですか（目上の人に）
→ ㅂは消える！　으が우になった！

🦶 덥다（暑い）、춥다（寒い）、가깝다（近い）など語幹末のパッチムがㅂで終わる用言のほとんどがㅂ変則用言です。

🦶 －아/어요がつくとㅂが消えて아/어が워になります。－으세요などの으で始まる語尾がつくとㅂが消えて으が우に変わります。

🦶 곱다（美しい）と돕다（手伝う）だけは、아/어系をつけた時に아/어が워ではなくと와に変わります。　例）곱다 → 고와요　돕다 → 도와요

🦶 語幹末のパッチムがㅂで終わっても、입다（着る）、좁다（狭い）、잡다（つかむ）などは正則用言なので、ㅂパッチムに変化は起きません。

もう一度確認！

곱다（美しい）と돕다（手伝う）以外は陽母音であっても아/어が워になります。

例）반갑다の해요体「うれしいです」：×반가와요　○반가워요

ㅂ変則用言の活用形の表を完成させましょう。

語尾\原形	ㅂは消える 아/어→워		ㅂは消える 으→우	変化なし
	−아요/어요	−았/었어요	−으세요(?)	−습니다
가깝다 近い 덥다 暑い 춥다 寒い	가까워요 더워요 ①	가까웠어요 더웠어요 ②	가까우세요? 더우세요? ③	가깝습니다 덥습니다 ④

 ① −으세요?、② −아/어요?、③ −습니다に活用してみましょう。

1) 가방이 무겁다　カバンが重い

① 가방이 무거우세요?　カバンが重いですか（目上の人に）
② 가방이 무거워요?　カバンが重いですか
③ 가방이 무겁습니다.　カバンが重いです

> なるほど…
> ㅂ変則は、丸ごと
> 覚えておこう。

2) 발음이 어렵다　発音が難しい

①_____　発音が難しいですか（目上の人に）
②_____　発音が難しいですか
③_____　発音が難しいです

3) 문법은 쉽다　文法がやさしい

①_____　文法がやさしいですか（目上の人に）
②_____　文法がやさしいですか
③_____　文法がやさしいです

4) 김치가 맵다　キムチが辛い

①_____　キムチが辛いですか（目上の人に）
②_____　キムチが辛いですか
③_____　キムチが辛いです

5分間の**力だめし!**

❖日本語の意味に合うように、正しいものを選んでください。

❶ 일이 많이 (바쁘세요 / 바빠세요)?
お仕事はずいぶんお忙しいですか。

❷ 우리 사장님을 (모르세요 / 몰라세요)?
うちの社長を知りませんか。

❸ 집은 여기서 (가까워요 / 가까와요).
家はここから近いです。

❹ 작년에 새로 집을 (졌어요 / 지었어요).
去年新しく家を建てました。

❺ 매일 1시간 정도 (걷으세요 / 걸으세요).
毎日1時間ほど歩いてください。

▶ 26〜30の答え

① (바쁘세요 / 바빠세요)?

② (모르세요 / 몰라세요)?

③ (가까워요 / 가까와요)

④ (졌어요 / 지었어요)

⑤ (걷으세요 / 걸으세요)

意志・勧誘

📦 学習のポイント

- 意志や推量の表現に使われる －겠－ と、勧誘の表現 －(으) 시겠어요 ? (～なさいませんか) を覚えます。

- －ㄹ/을게요 (～します)、－ㄹ/을래요 ? (～しますか)、－ㄹ/을까요 ? (～しましょうか、～でしょうか)、－ㅂ/읍시다 (～しましょう) の使い方を押さえます。

- 意志を表す －겠습니다と － ㄹ/을게요の違いについて考えます。

31 -겠-
～(し)ます、～(し)そうです　　（意志・推量）

いただきます

基本形	例
語幹＋겠＋語尾	먹다 → 먹겠습니다　いただきます 맛있다 → 맛있겠어요　おいしそうです

- 平叙文で語幹の後ろに -겠 を挿入すると「(これから)～します」という話し手の意志を表す表現になります。三人称主語の場合は「～しそうです」「～でしょう」といった推量の意味になります。

- 後置否定文の場合は -지 않다 の 않 の後ろに 겠 を挿入します。
  例) 잊지 않겠습니다 / 잊지 않겠어요　忘れません

日常生活でよく使われる -겠습니다 の慣用表現を覚えておきましょう。

処音 뵙겠습니다　はじめまして　　　알겠습니다　わかりました
실례하겠습니다　失礼いたします　　모르겠습니다　わかりません
다녀오겠습니다　行ってきます

31-1 −겠습니다を使って、Bの答えを完成させましょう。
（花見の前の役割分担をしています）

① A : 연락은 누가 해요?　　　　連絡は誰がしますか
　 B : 제가 (**하겠습니다.** 　　)　私がやります

② A : 자리는 누가 잡아요?　　　席は誰が取りますか
　 B : 제가 (　　　　　　　)　私が取ります

③ A : 도시락은 누가 주문해요?　お弁当は誰が注文しますか
　 B : 제가 (　　　　　　　)　私が注文します

なるほど…
意志を表す**겠**に当たる
日本語訳は特にないのか…

 31-2 （　　　）にふさわしいものを選び、−겠어요を用いて推量の表現にしましょう。

オダ | 재미있다 | 맛있다
오다　　　재미있다　　　맛있다

① 이 케이크가 (**맛있겠어요.** 　　)
このケーキがおいしそうです

② 비가 (　　　　　　　　　　)
雨が降りそうです

③ 저게 (　　　　　　　　　　)
あれが面白そうです

32 −(으)시겠어요?

〜されますか、〜なさいませんか

案内されますか

こっちが先だよね！

基本形	例	
母音語幹＋시겠어요?	가다 → 가시겠어요?	行かれますか
子音語幹＋으시겠어요?	앉다 → 앉으시겠어요?	お座りになりますか
ㄹ語幹（ㄹが消える）＋시겠어요?	살다 → 사시겠어요?	お住みになりますか

- −(으)시겠− を挿入した文の疑問文は相手の意向を聞く時に使います。
  「〜されますか、〜なさいませんか」という意味になります。

- 합니다体の −(으)시겠습니까? もあわせて覚えておきましょう。

もう一度
確認！

−(으)시を挿入する場合は、−겠より先、語幹の直後に接続します。
例）行かれますか／行きませんか：
　　×가겠으십니까?　○가시겠습니까?

32-1 （　　）にふさわしいものを選び、−(으)시겠어요? を用いて相手の意向を聞く表現にしましょう。

> 하다　　결정하다　　사다　　타다

① 어떤 차를 (**사시겠어요?** 　　　　)
　　どんな車をお買いになりますか

② 어떻게 (　　　　　　　　　　)
　　どうなさいますか

③ 언제 (　　　　　　　　　　)
　　いつお決めになりますか

④ 뭘 (　　　　　　　　　　)
　　何にお乗りになりますか

 32-2 A「〜なさいませんか (−(으)시겠어요?)」、B「はい、〜します(−겠습니다)」というやりとりを完成させましょう。

① 사장님이 안내하다　　社長が案内する

　A : 사장님이 (**안내하시겠어요?** 　)
　B : 네, (**안내하겠습니다.** 　　)

② 앞 자리에 앉다　　前の席に座る

　A : 앞 자리에 (　　　　　　)
　B : 네, (　　　　　　)

③ 할머니와 같이 살다　　おばあさんといっしょに暮らす

　A : 할머니와 같이 (　　　　　　)
　B : 네, 같이 (　　　　　　)

> なるほど…「〜なさいませんか」と誘う時も、否定形にしなくていいんだね。

「わかりました」は？

　「わかりました」は겠を用いて알겠습니다／알겠어요と言います。日本語のように過去形で알았습니다と言うと「わかりました（だからもう説明はいいってば）」というように、下手をすればふてくされた返事に聞こえます。「わかりません」「知りません」も겠を用いて모르겠습니다／모르겠어요といった方が丁寧に聞こえます。

わかりましたか？

は～い

알겠습니까?
わかりましたか

알았습니까? だと先生に
怒られているみたいにも
聞こえます。

本当に
わかりましたか？

は～い

알았습니까?
わかりましたか！

過去形で聞くと
「本当にわかってるの？」と
きつく響きます。

알았어요.
わかった（わかりました）

알겠어요とは違って
「めんどくさいなぁ」と
思っているのが丸分かりです。

알겠어요.
わかった（わかりました）

やっぱり 알겠어요 の方が
気持ちのいい返事です。

알아요.
わかってるよ
（わかっています）

압니다 / 알아요は
「わかっています」
「知っています」の意味に
なります。

33

ーㄹ/을게요
～(し)ますね、～(し)ますから

やめますね

겠습
これは固すぎるかな…

끊을게요

基本形	例		
母音語幹＋ㄹ게요	가다 →	갈게요	(私は)行きますね
子音語幹＋을게요	끊다 →	끊을게요	やめますね
ㄹ語幹（ㄹが消える）＋ㄹ게요	만들다 →	만들게요	作りますね

- 話し手の意志を表す表現です。「(今から私は)〜しますね、〜しますから」と聞き手に告げる時に用いられる表現です。話し言葉でよく使われます。

- 1人称で用いられた時の−겠と似た用法ですが、−겠ほど堅苦しい雰囲気はありません。

**もう一度
確認！**
ーㄹ게요をつけると、ㄹ語幹のㄹパッチムが消えます。
例）作りますね：×만들을게요　○만들게요

33-1 ( )にふさわしいものを選び、−ㄹ/을게요をつけて文を完成させましょう。(新年を目前に来年の抱負を語っています)

> 모으다　　공부하다　　빼다　　끊다

① 내년에는 열심히 (**공부할게요.**)
来年は一生懸命勉強します

② 내년에는 술을 ( )
来年はお酒をやめます

③ 내년에는 살을 ( )
来年は痩せます　▽살을 빼다で「痩せる」

④ 내년에는 돈을 ( )
来年はお金を貯めます

33-2 −ㄹ/을게요を使って、Bの答えを完成させましょう。

① A : 시장에는 언제 가요?
B : 이따가 (**갈게요.**)

② A : 저녁에는 뭘 만들어요?
B : 카레를 ( )

③ A : 청소는 누가 해요?
B : 제가 ( )

④ A : 창문은 누가 닦아요?　▽창문을 닦다で「窓を拭く」
B : 제가 ( )

> なるほど… 今から自分が何をするか告げる
> 時に−ㄹ/을게요を使うんだね。

34 -ㄹ/을래요(?)

～（し）ます（か）

飲みますか

これは固すぎるかな…

基本形	例	
母音語幹＋ㄹ래요(?)	마시다 → 마실래요?	飲みますか
子音語幹＋을래요(?)	읽다 → 읽을래요?	読みますか
ㄹ語幹（ㄹが消える）＋ㄹ래요(?)	놀다 → 놀래요?	遊びますか

:‏ 疑問文は「（どうしますか）〜しますか」と相手の意向を聞く時に使われます。
   ２人称の疑問文で用いられた時の －겠と似た用法ですが、－겠ほど堅苦し
   い雰囲気はありません。

:‏ 尊敬を入れた －(으)실래요? もあわせて覚えておきましょう。

:‏ 平叙文で使われると話し手の強い意志を表します（119頁参照）。

もう一度
確認！

－ㄹ래요? をつけると、ㄹ語幹のㄹパッチムが消えます。
例）遊びますか：×놀을래요?　○놀래요?

34-1 （　　　）にふさわしいものを選び、－ㄹ/을래요? をつけて文を完成させましょう。（家を訪ねてきた友人をもてなしします）

| 읽다　　보다　　놀다　　마시다 |

① 드라마라도 (**볼래요?**　　　　　　)
　　ドラマでも見ますか

② 게임이라도 하고 (　　　　　　　　)
　　ゲームでもして遊びますか

③ 차라도 (　　　　　　　　　　　　)
　　お茶でも飲みますか

④ 한국어 잡지라도 (　　　　　　　　)
　　韓国語の雑誌でも読みますか

なるほど… －ㄹ/을래요? は
相手がどうしたいかを聞く時に使うんだね。

 34-2 A「〜なさいますか（－(으)실래요?)」、B「後で〜します（－ㄹ/을게요)」というやりとりを完成させましょう。

① 같이 가다　　いっしょに行く
　　A : 같이 (**가실래요?**　　　　　)
　　B : 이따가 (**갈게요.**　　　　　　)

② 옷을 갈아입다　　服を着替える
　　A : 옷을 (　　　　　　　　　　　)
　　B : 이따가 (　　　　　　　　　　)

③ 비디오를 보다　　ビデオを見る
　　A : 비디오를 (　　　　　　　　　)
　　B : 이따가 (　　　　　　　　　　)

35

-ㄹ/을까요?
～(し)ましょうか、～でしょうか

作りましょうか

これは要らない

基本形	例		
母音語幹＋ㄹ까요?	가다 →	갈까요?	(私が)行きましょうか
子音語幹＋을까요?	좋다 →	좋을까요?	よいでしょうか
ㄹ語幹（ㄹが消える）＋ㄹ까요?	만들다 →	만들까요?	作りましょうか

:● 「～しましょうか」と提案したり、「～でしょうか」と婉曲に問いかける時に使います。

:● 常に疑問文として用います。

もう一度
確認!

-ㄹ까요? をつけると、ㄹ語幹のㄹパッチムが消えます。
例) 作りましょうか：×만들을까요?　○만들까요?

(）にふさわしいものを選び、－ㄹ/을까요？をつけて文を完成させましょう。（将来のことを占ってもらっています）

> 살다　　좋다　　생기다　　되다

① 어떤 직업이 (**좋을까요?**)
どんな職業がよいでしょうか

② 애인이 (　　　　　　　　)
恋人ができるでしょうか

③ 부자가 (　　　　　　　　)
お金持ちになるでしょうか

④ 오래 (　　　　　　　　)
長生きするでしょうか

 A「～しましょうか（－ㄹ/을까요？）」、B「はい、～してください（－아/어 주세요）」というやりとりを完成させましょう。

① 카레를 만들다　　カレーを作る
　A : 카레를 (**만들까요?**)
　B : 네, (**만들어 주세요.**)

② 커피를 끓이다　　コーヒーを淹れる
　A : 커피를 (　　　　　　)
　B : 네, (　　　　　　)

③ 설탕을 넣다　　砂糖を入れる
　A : 설탕을 (　　　　　　)
　B : 네, (　　　　　　)

なるほど… **－ㄹ/을까요?** が「～ましょうか」なのか「～でしょうか」なのかは文脈次第なんだね

36

-ㅂ/읍시다
〜(し)ましょう

作りましょう

만드 ~~ㄹ~~ ㅂ시다

今回もこれは要らない

基本形	例
母音語幹＋ㅂ시다	가다 → 갑시다　行きましょう
子音語幹＋읍시다	읽다 → 읽읍시다　読みましょう
ㄹ語幹（ㄹが消える）＋ㅂ시다	만들다 → 만듭시다　作りましょう

- -ㅂ/읍시다は「〜しましょう」を意味する합니다体の表現です。ただし、言い方によっては押しつけがましく聞こえることがあるので、目上の人に使うのは避けたほうが無難です。

- -ㅂ시다のㅂは鼻音化せずにそのまま /p/ で発音します。합니다体の語尾ㅂ니다の発音と混同しないよう気をつけましょう。

もう一度 確認！
-ㅂ시다をつけると、ㄹ語幹のㄹパッチムが消えます。
例）作りましょう：×만들읍시다　○만듭시다

36-1 （　　　）にふさわしいものを選び、－ㅂ시다/읍시다をつけて
文を完成させましょう。（登山に誘われました）

> 가다　　쉬다　　걷다〈ㄷ〉　　마시다

① 산에 (**갑시다.**　　　　　　)
　　山に行きましょう

② 좀 빨리 (　　　　　　　　　)
　　ちょっと速く歩きましょう

③ 저기서 좀 (　　　　　　　　)
　　あそこでちょっと休みましょう

④ 물을 (　　　　　　　　　　　)
　　水を飲みましょう

 36-2 A「～しましょうか（－ㄹ/을까요?）」、B「いいですよ。～しま
しょう（－ㅂ/읍시다）」というやりとりを完成させましょう。

① 해외여행을 가다　　海外旅行に行く
　　A : 해외여행을 (**갈까요?**　　　　)
　　B : 좋아요. (**갑시다.**　　　　　　)

② 케이크를 먹다　　ケーキを食べる
　　A : 케이크를 (　　　　　　　　　)
　　B : 좋아요. (　　　　　　　　　　)

③ 술 한잔 하다　　お酒を一杯やる
　　A : 술 한잔 (　　　　　　　　　　)
　　B : 좋아요. 한잔 (　　　　　　　)

> なるほど… **－ㅂ/읍시다**は
> 対等か目下の人に使うんだね。

-겠-と-ㄹ게요/-ㄹ래요? の違いは?

　-ㄹ게요や -ㄹ래요? は、-겠で言い換えることができますが、-겠の方が丁寧で固くるしい雰囲気になります。では、実際どう使い分けるのでしょうか。

私がご案内
いたします

안내하겠습니다.
ご案内いたします

ビジネスの場では
겠を使って腰の低い感じで
失礼の無い表現を心がけます。

私が案内しますわ

おいしい店
ご存知？

안내할게요.
案内しますわ

プライベートな場面では、
くだけた感じでㄹ게요でも
OKです。

ケーキ、
召し上がりませんか

드시겠습니까?
召し上がりませんか

かしこまった場では
やはり 겠を使うのが無難です。

召し上がりません？

드실래요?
召し上がりません？

プライベートでは
겠でなくてもかまいません。

ケーキはもう
食べません！

이제 안 먹을래요!
もう食べません！

ーㄹ/을래요を平叙文で使うと
「(誰がなんと言おうと私は)
〜する！」という強い意志を
表す表現となります。

31〜36 の復習 **5分間の力だめし!**

❖日本語の意味に合うように、正しいものを選んでください。

❶ 한국어를 같이 (배우시겠어요 / 배우겠으세요)?

韓国語をいっしょに学びませんか。

❷ 어떤 선물이 (좋을까요 / 좋을래요)?

どんなプレゼントがよいでしょうか。

❸ 오늘 점심은 제가 (살게요 / 살까요).

今日の昼ご飯は私が買います(ご馳走します)。

❹ 내일은 비가 (올게요 / 오겠습니다).

明日は雨が降るでしょう。

❺ 다음 달에 같이 여행 (갈래요 / 갈까요)?

来月いっしょに旅行に行きませんか。

▶ 31〜36の答え

① (배우시겠어요 / 배우겠으세요)?

② (좋을까요 / 좋을래요)?

③ (살게요 / 살까요)

④ (올게요 / 오겠습니다)

⑤ (갈래요 / 갈까요)?

2つの文をつなぐ

接続語尾 (1)

🟫 学習のポイント

・2つの文をつなぐ接続語尾 -고 (〜して)、-지만 (〜けれども)、
　-아/어서 (〜して、ので) の形と使い方を押さえておきます。

・-아/어서と -고の使い分けについて考えてみます。

37 —고 (1)
〜(し) て、〜くて

これが安くてあれが高いです

이게 싸고 저게 비싸요

これで2つが
つながる！

「저게 비싸고 이게 싸요」もOKだね！

基本形	例
語幹+고	하다 → 하고 して
	작다 → 작고 小さくて
	살다 → 살고 暮らして

- —고は2つのフレーズを並列的に並べる時に用います。日本語の「〜して、〜くて」に当たる表現です。

- 「A도〜고 B도〜」は「Aを〜たりBを〜たりする」とも訳せます。
  例）밥도 먹고 이야기도 해요　ご飯を食べたり話をしたりします。

Plus+
ONE

日本語の「〜たり〜たり」のように고を繰り返すこともあります。
例）ご飯を食べたり話をしたりします：
　　밥도 먹고 이야기도 하고 해요

下線部を −고にして、1つの文にしましょう。

① 키가 **커요**. 그리고 다리가 길어요.
　⇨ 키가 **크고** 다리가 길어요.
　　背が高くて足が長いです

② 치마를 **입었어요**. 그리고 모자를 썼어요.
　⇨
　　スカートをはいて帽子をかぶっています

③ 눈은 **작아요**. 그리고 안경을 썼어요.
　⇨
　　目は小さくてメガネをかけています

 −고 − 아/어요を用いて、「～したり～したりします」と答えてみましょう。

① A : 주말에는 뭘 해요?　週末は何をしますか

　B : **게임도 하고 운동도 해요.**

　　（게임도 하다 / 운동도 하다　ゲームもする / 運動もする）

② A : 휴일에는 뭘 해요?　休日は何をしますか

　B : _____

　　（청소도 하다 / 빨래도 하다　掃除もする / 洗濯もする）

③ A : 일요일에는 뭘 해요?　日曜日は何をしますか

　B : _____

　　（한국어도 공부하다 / 음악도 듣다〈ㄷ〉　韓国語も勉強する / 音楽も聞く）

なるほど… **−고** の前後の話を
入れ替えられるから「並列」か

38 −고 (2)
〜 (し) て (それから)

シャワーを浴びて寝ます

これで2つが
つながる！

「자고 씻었어요」
とは言えないよね

基本形	例
語幹+고	보다 → 보고　見て 씻다 → 씻고　洗って、シャワーを浴びて 들다 → 들고　(手に)持って

* −고は2つのフレーズを時間順に並べる時にも用います。
* 並列のコと違い、前項と後項を入れ替えると文の意味が変わってしまいます。

もう一度
確認！

並列のコとは違い、前後を入れ替えても同じ意味になることはありません。
例) ご飯を食べて遊びました：
　　밥을 먹고 놀았어요 ≠ 놀고 밥을 먹었어요

38-1 下線部を −고にして、1つの文にしましょう。

① 손을 씻어요. 그리고 밥을 먹어요.
　　⇨ 손을 **씻고** 밥을 먹어요. 　　手を洗ってご飯を食べます

② 밥을 먹어요. 그리고 커피를 마셔요.
　　⇨ 　　　　　　　　　　　　　　ご飯を食べてコーヒーを飲みます

③ 커피를 마셔요. 그리고 숙제를 해요.
　　⇨ 　　　　　　　　　　　　　　コーヒーを飲んで宿題をします

④ 숙제를 해요. 그리고 자요.
　　⇨ 　　　　　　　　　　　　　　宿題をして寝ます

38-2 −고 − 았/었어요を用いて、「〜して〜しました」と答えてみましょう。

① A : 그 소식은 어떻게 알았어요? そのニュースはどうやって知りましたか
　 B : **라디오를 듣고 알았어요.**
(라디오를 듣다 ラジオを聞く / [그 소식을] 알다 [そのニュースを] 知った)

② A : 일본에서는 어떻게 먹었어요? 日本ではどうやって食べましたか
　 B : _____
(그릇을 들다 食器を手に持つ / [그 음식을] 먹다 [その料理を] 食べる)

③ A : 작문은 어떻게 썼어요? 作文はどうやって書きましたか
　 B : _____
(신문을 읽다 新聞を読む / [작문을] 쓰다 [作文を] 書く)

なるほど… **−고** を使って
起きた事を順番に並べるんだね。

39 -고 가다/오다
～(し)ていく／くる

食べていってください

基本形	例
語幹+고 가다	먹다 → 먹고 가요　食べていきます
語幹+고 오다	두다 → 두고 왔어요　置いてきました

- -고 가다は「～して（それから）行く」、-고 오다は「～して（それから）来る」という意味の文型です。

- 가다、오다の代わりに나가다（出かける）、나오다（出てくる）などの移動を表す動詞も用いられます。

Plus+ ONE

「徐々に～していく／くる」という意味の「～ていく／くる」や「移動動詞＋いく／くる」は、-고 가다/오다では表現しません。

例）消えていく：×사라지고 가다　走ってくる：×달리고 오다

39-1 （　　）にふさわしいものを選び、－고をつけて、文を完成させましょう。

가지다　　쓰다　　신다　　두다
---

① 학교에 우산을 （ 두고　　　　 ） 왔어요.
学校に傘を置いて来ました

② 엄마 우산을 （　　　　　　　） 갈래요.
お母さんの傘を持って行きます

③ 동생이 내 운동화를 （　　　　　） 나갔어요.
弟がぼくのスニーカーをはいて出かけました

④ 나는 동생 모자를 （　　　　　　） 나왔어요.
ぼくは弟の帽子をかぶって出てきました

39-2 A「〜していってください（－고 가세요）」、B「はい、〜します（－ㄹ/을게요）」というやりとりを完成させましょう。

① 저녁을 먹다　夕飯を食べる
A : 저녁을 （ 먹고 가세요.　）
B : 네, （ 먹고 갈게요.　）

② 짐을 놓다　荷物を置く
A : 짐을 （　　　　　　）
B : 네, （　　　　　　）

③ 택시를 타다　タクシーに乗る
A : 택시를 （　　　　　）
B : 네, （　　　　　）

なるほど… **－고** には「並列」とは
また別の使い方があるんだね。

40 -지만

~けれども、~が（しかし）

高いけどおいしいです

비싸지만 맛있어요

싸고

基本形	例
語幹（았/었, 겠）+지만	맵다 → 맵지만　辛いけれども 받다 → 받았지만　もらったが 비싸다 → 비싸겠지만　高いだろうが

- -지만は逆接「~けれども、~が（しかし）」を表す表現です。
- 語幹の種類に関係なくそのまま -지만を接続するだけですが、語幹と -지만の間に時制を表す-았/었や-겠が挿入されることもあります。

もう一度
確認！

「~が（しかし）」という逆接の意味を持たない「~が」には、-지만を用いません。　例）お昼ご飯を食べるんですが、いっしょに食べませんか。
×점심을 먹지만 같이 먹을래요?

下線部を −지만にして、1つの文にしましょう。

① 이 사과는 <u>비싸요.</u> 하지만 아주 맛있어요.

   ⇨ 이 사과는 **비싸지만** 아주 맛있어요.

     このリンゴは高いですが、とてもおいしいです

② 메일을 <u>받았어요.</u> 하지만 아직 답장을 안 썼어요.

   ⇨

     メールをもらいましたが、まだ返事を書いていません

③ 한국에 가고 <u>싶어요.</u> 하지만 돈이 없어요.

   ⇨

     韓国に行きたいですが、お金がありません

 A「〜くありませんか」、B「〜ですが〜です」というやりとりを作りましょう。

① 맵다 〈ㅂ〉/ 맛있다　　辛い / おいしい

   A : 안 (**매워요?**　　　　　)

   B : (**맵지만 맛있어요.**　)

② 예쁘다 〈으〉/ 비싸다　　かわいい / 高い

   A : 안 (　　　　　　　　　)

   B : (　　　　　　　　　　)

③ 어렵다 〈ㅂ〉/ 재미있다　　難しい / 面白い

   A : 안 (　　　　　　　　　)

   B : (　　　　　　　　　　)

なるほど… 語幹にそのまま
−지만 を付けるだけなんだね。

41 -아/어서 (1)

～(し)て

座ってお待ちください

「아서」？　　　　　　　　　「座って」の「て」だよ！

基本形	例
陽母音語幹＋아서	앉다　→　앉아서　座って
陰母音語幹＋어서	만들다　→　만들어서　作って
하다用言 → 해서	숙제하다 → 숙제해서　宿題して

🐾 -아/어서は、2つのフレーズを時間順に並べる時に用います。

🐾 この用法では、前後の主語は一致しなければなりません。

例) 형은 의자에 앉아서 (형은) 책을 읽어요.

🐾 -아/어서は -았/었とは結合しません。

もう一度確認！

「～て」に-아서/어서を使うか -고を使うかは動詞や文型によって決まっています。-고との使い分けについては、134頁を参照してください。
例) 座ってお待ちください：×앉고 기다리세요.
　　　　　　　　　　　　　　○앉아서 기다리세요.

41-1 −아/어서の形を作ってみましょう。

① 나가다 出かける	② 만나다 会う	③ 일어나다 起きる	④ 서다 立つ

☞ 母音縮約は**해요体**（28 頁）と同じです。

 41-2 下線部を −아/어서にして、1つの文にしましょう。

① 김치찌개를 만들었어요. 그 김치찌개를 먹었어요.
　　⇨ 김치찌개를 **만들어서** 먹었어요.
　　　キムチチゲを作って食べました

② 숙제를 했어요. 그 숙제를 가지고 갔어요.
　　⇨
　　　宿題をして持って行きました

③ 리포트를 썼어요. 그 리포트를 제출했어요.
　　⇨
　　　レポートを書いて提出しました。

 41-3 次の質問に、（　　）の語句を用いて答えてみましょう。

① A : 집에 가서 뭐했어요? (일하다)
　 B : **집에 가서 일했어요.**

② A : 의자에 앉아서 뭐했어요? (책을 읽다)
　 B : ＿＿＿＿＿＿＿＿＿＿＿＿＿＿＿

③ A : 일찍 일어나서 뭐했어요? (운동하다)
　 B : ＿＿＿＿＿＿＿＿＿＿＿＿＿＿＿

なるほど… **−아서／어서**の後には
それに続く動作が来るんだね。

42 −아/어서 (2)

〜ので、〜くて （理由・原因）

遅くなってすみません

늦어서 미안합니다

また「어서」?

理由の「어서」
だってさ！

基本形	例	
陽母音語幹＋아서	좋다 → 좋아서	よいので
陰母音語幹＋어서	늦다 → 늦어서	遅れて
하다用言 → 해서	일하다 → 일해서	働いたので

🐾 −아/어서は、客観的な理由や原因の「〜ので」「〜くて」を表す時に使います。

🐾 理由や原因の場合は前後の主語が一致しなくてもかまいません。

例）내가 감기에 걸려서 친구가 약을 주었어요.

🐾 「−았/었」とは絶対に結合しません。

もう一度
確認！

−았/었＋아/어서という表現はありません。

例）先週お客さんが来たので掃除をしました：

×지난주에 손님이 왔어서 청소를 했어요.

○지난주에 손님이 와서 청소를 했어요.

42-1 変則用言の −아/어서の形を作ってみましょう。

①춥다 寒い	②낫다 治る	③예쁘다 かわいい	④듣다 聞く

☞ 変則用言については、91頁〜101頁を参照。

 42-2 下線部を −아/어서にして、1つの文にしましょう。

① 많이 늦었어요. 그래서 죄송합니다.
　　⇨ 많이 **늦어서** 죄송합니다 .
　　　だいぶ遅れて申し訳ありません　▽그래서 それで

② 감기에 걸렸어요. 그래서 약을 먹었어요.
　　⇨
　　　風邪をひいて薬を飲みました

③ 일요일에도 일했어요. 그래서 힘들어요.
　　⇨
　　　日曜日も働いたので疲れています。

 42-3 (　　　)の語句に −아/어서をつけて、理由を説明してみましょう。

① A : 왜 술을 마셨어요? (기분이 안 좋다)
　 B : (**기분이 안 좋아서**) 술을 마셨어요.

② A : 왜 기분이 안 좋았어요? (친구하고 싸우다)
　 B : (　　　　　　　　　　　　　　) 기분이 안 좋았어요.

③ A : 왜 친구하고 싸웠어요? (전화를 안 받다)
　 B : (　　　　　　　　　　　　) 싸웠어요.
　　　▽전화를 받다で「電話に出る」

なるほど…
−아서/어서は理由を
説明する時にも使うんだね。

お悩み解決コーナー **10**

-아/어서 vs -고

　理由でも並列でもない「〜て」を −아서/어서と −고のどちらを使って表現するのか
を見分けるのはとても難しいです。そうした場合に、−를/을を伴わない自動詞には −아
서/어서、−를/을を伴う他動詞には −고を使う傾向があるのを知っておくといいでしょう。
　また、「お菓子を買って（そのお菓子を）食べた」のように「〜を」が2つの動詞にかか
る場合は −아서/어서を使います。

일어나서 옷을 갈아입었어요.

일어나다 「起きる」は自動詞です。
「起きて」は −아서/어서を使います。

起きて服を
着替えました

버스를 **타고** 학교에 갔어요.

韓国語で「バスに乗る」は
버스를 타다と −를/을を伴うので、
타다は他動詞です。

バスに乗って
学校に行きました

座って授業を
聞きました

앉아서 수업을 들었어요.

앉다 「座る」は自動詞なので、
－아서 / 어서を用います。

자료를 읽고 리포트를 썼어요.

資料を読んで
レポートを書きました

읽다 「読む」は－를 / 을を伴う
他動詞なので、－고を用います。

ラーメンを
作って食べました

라면을 끓여서 먹었어요.

「ラーメンを」が「作る」にも
「食べる」にもかかっています。
こういう構文の時は他動詞であっても
－어서 / 어서を使います。
▽라면을 끓이다で「ラーメンを作る」

　「友達に会って（その友達と）ご飯を食べた」「リンゴを買って（そのリンゴで）ジュースを作った」など、「～を」以外の関係で前後の動詞にかかっている場合も「～して」が－아서 / 어서で表されます。

5分間の **力だめし!**

❖ 日本語の意味に合うように、正しいものを選んでください。

❶ 밥을 (먹고 / 먹지만) 커피를 마셔요.
ご飯を食べてコーヒーを飲みます。

❷ 커피는 (좋아하고 / 좋아하지만) 많이는 안 마셔요.
コーヒーは好きですがたくさんは飲みません。

❸ 일요일에는 빨래도 (하고 / 해서) 산책도 해요.
日曜日は洗濯をしたり散歩をしたりします。

❹ 도서관에 (가고 / 가서) 한국어 책을 빌렸어요.
図書館に行って韓国語の本を借りました。

❺ 어제는 너무 (더웠어서 / 더워서) 일을 못했어요.
昨日はあまりにも暑くて仕事ができませんでした。

▶ 37～42の答え
① (먹고 / 먹지만)
② (좋아하고 / 좋아하지만)
③ (하고 / 해서)
④ (가고 / 가서)
⑤ (더웠어서 / 더워서)

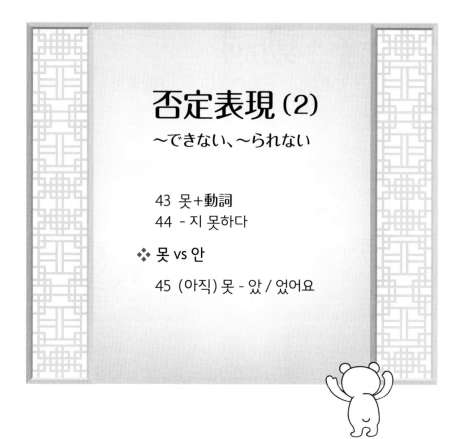

否定表現 (2)

〜できない、〜られない

43 못+動詞
44 ‐지 못하다

❖ 못 vs 안

45 (아직) 못 ‐ 았 / 었어요

💎 学習のポイント

- 「〜(することが)できない」「〜られない」「〜が下手だ」に当たる
  否定表現「못」や「‐지 못하다」を覚えます。
- 38、40頁で学習した「안」や「‐지 않다」との意味の違いや使い
  方を押さえておきます。

43 못 + 動詞

~できない、~られない　　（前置形）

行けません

못 가요

「行きません」じゃないの？

それは「안 가요」!

基本形	例
못 + 動詞	못 가요　行けません 못 마십니다　飲めません
【하다動詞】名詞＋못＋하다	공부 못 했어요　勉強できませんでした

- 動詞の前に못を置くと「(~することが) できない」「~られない」「~が下手だ」という不可能の表現になります。
- 못は動詞の前に置くので前置形と言います。話し言葉で用いられます。
- 「名詞＋하다」からなる하다動詞は、못が名詞と하다の間に割って入ります。
- 못はそれに続く動詞と一気に発音されるため、音の変化が起こります。

못 ＋ ㄱ/ㄷ/ㅂ/ㅅ/ㅈ → 濃音化	못 가요 [몯까요]
＋ ㄴ/ㅁ → 鼻音化	못 마셔요 [몬마셔요]
＋ 이/야/여/요/유 → ㄴの挿入による鼻音化	못 읽어요 [몬닐거요]
＋ ㅎ → 激音化	못해요 [모태요]
＋ 아/어/오/으 … → 単語間の連音化	못 와요 [모돠요]
(이/야/여/요/유以外の母音)	

43-1 正しい方に○をつけて、意味の違いを考えてみましょう。

① 몸이 아파서 회사에 (못, 안) 갔어요.

② 일요일이어서 회사에 (못, 안) 갔어요.

③ 만나고 싶지만 제가 바빠서 (못, 안) 만나요.

④ 그 사람은 재미없어서 (못, 안) 만나요.
　　▽몸이 아프다で「体調が悪い」

43-2 「～しないんですか」という質問に、못を用いて「～は～られないんです」という返事を完成させましょう。

 ① A : 소주, 안 마셔요?

　　B : 소주는 (**못 마셔요.** 　)

 ② A : 춤, 안 춰요?

　　B : 춤은 (　　　　　　　)
　　　　▽ 춤을 추다で「踊る」

 ③ A : 노래, 안 해요?

　　B : 노래는 (　　　　　　　)
　　　　▽ 노래하다で「歌う」

 ④ A : 담배, 안 피워요?

　　B : 담배는 (　　　　　　　)
　　　　▽ 담배를 피우다で「タバコを吸う」

なるほど… 못があると発音がむずかしい！
慣れるしかないかな。

44 −지 못하다

~できない、~られない （後置形）

行けません

「지 않다」の「지」だね！

この「지」は…

가지 못해요

基本形	例
動詞の語幹＋지 못하다 [모타다]	가지 못해요　行けません 마시지 못합니다　飲めません 공부하지 못했어요　勉強できませんでした

:● 動詞の語幹＋지 못하다は、「(~することが)できない」「~られない」「~下手だ」という不可能の表現です。

:● 動詞の後ろに置くので後置形と言います。

:● 「못＋動詞」がもっぱら話し言葉で使われるのに対し、−지 못하다は書く時にも用いられます。

Plus+ ONE

지の後は는、도などの助詞を入れることができます。
例) 울지도 못해요　泣くこともできません

①②③④に続く文を選び、線で結びましょう。

① 일이 있어서 내일은 •

② 돈이 없어서 가방은 •

③ 몸이 아파서 숙제는 •

④ 안 배워서 춤은 •

• a. 사지 못했어요

• b. 하지 못했어요

• c. 추지 못합니다

• d. 만나지 못해요

 A「～できないんですか」という質問に、-지 못합니다を用いて、B「はい、～は～できません」という返事を完成させましょう。

 ① A : 술, 못 마셔요?
　　 B : 네, 술은 (**마시지 못합니다.**)

 ② A : 파티에 못 가요?
　　 B : 네, 파티에는 (　　　　　　　　)

 ③ A : 자전거, 못 타요?
　　 B : 네, 자전거는 (　　　　　　　　)

 ④ A : 축구, 못 해요?
　　 B : 네, 축구는 (　　　　　　　　)

なるほど… 後置形の否定では 하다 用言も
語幹＋지 못하다 なんだね。

못 vs 안

　못が、日本語にした時「～できない」とならないことがあります。못 ー았/었어요の形が、時々「(まだ)～していない」という日本語に相当するのです。안 ー았/었어요も「(まだ)～していません」という意味になりますが、못 ー았/었어요には「(～したいが残念ながらまだ)～していない」というニュアンスがあります。

못 먹었어요.
食べてないんです

못を使うと「食べたかったのに食べていない」というニュアンスになります。

안 먹었어요.
食べてないんです

逆に안を使うと意図的に「食べなかった」という意味になります。

釜山に行ったことある？

まだ行ってないんです

못 가 봤어요.
行ってないんです

못を使うと「残念ながらまだ…」
というニュアンスになります。

안 가 봤어요.
行ってないんです

안を使うと淡々と事実を
言っているだけに聞こえます。

韓国にはまだ
行ってないんです

あ、そう

メール届いた？

못 받았어요.
届いていません

こういう場面でも
「残念ながらまだ…」という気持ちから、
못を使うのが一般的です。

まだ届いていません

45 (아직) 못 -았/었어요
（まだ）〜（し）ていません

まだ食べていません

아직 못 먹었어요

「안」じゃないの？

基本形	例
(아직) 못 -았/었어요	못 갔어요　行っていません 못 먹었어요　食べていません

- 不本意ながらある行動がまだ実現していない時や、まだ終わっていない時に用いる表現です。

- 後置形の「(아직) -지 못했어요」も同じ意味です。

  아직 못 먹었어요＝아직 먹지 못했어요　まだ食べていません

  (안 -았/었어요については、142頁参照)

もう一度
確認！

日本語は「〜していません」ですが、韓国語は過去形で表現します。
例）まだ食べていません：×아직 못 먹어요.　○아직 못 먹었어요.

45-1 次のような状況でふさわしい表現に○をつけましょう。

① （忙しくて宿題の半分しかできていない）

바빠서 숙제를 다 (못 / 안) 했어요.

② （先生に連絡をしなければならないのにうっかり忘れていた）

아직 연락을 (하지 못했어요 / 하지 않았어요).

③ （約束の時間に行ったら誰も来ていない）

아직 아무도 (못 / 안) 왔어요.

④ （秘密については誰にも言っていない）

아직 아무한테도 (말하지 않았어요 / 말하지 못했어요).

45-2 못 -았/었어요를 用いて、「（まだ）〜していません」という
返事を完成させましょう。

① A : 그 드라마, 봤어요?
  B : 아직 (**못 봤어요.**)

② A : 할머니에게 전화를 했어요?
  B : 아직 ( )

③ A : 오늘 스포츠센터에 갔어요?
  B : 아직 ( )

なるほど…予定通りに行かなかったことに

「아직 못 -았/었어요」

の表現を使うんだね。

5分間の**力だめし!**

❖日本語の意味に合うように、正しいものを選んでください。

❶ 노래를 (안 / 못) 불러서 노래방에는 안 가요.

歌がうまくないのでカラオケには行きません。

❷ 저는 가고 싶지만 시간이 없어서 (안 / 못) 가요.

私は行きたいけど時間がなくて行けません。

❸ 아빠가 반대하셔서 유학을 (안 / 못) 갔어요.

パパが反対して（パパに反対されて）留学に行けませんでした。

❹ 저희 집에서는 돼지고기는 (안 / 못) 먹어요.

うちでは豚肉は食べません。

❺ 연락하고 싶었지만 아직 (안 / 못) 했어요.

連絡したかったんですが、まだしていません。

▶ 43～45の答え

① (안 / **못**)

② (안 / **못**)

③ (안 / **못**)

④ (**안** / 못)

⑤ (안 / **못**)

さまざまな補助動詞

-아/어+補助動詞

46 - 아 / 어 보다
47 - 아 / 어 있다

❖ 「～ (し) ている」の使い分け

48 - 아 / 어 주다
49 - 아 / 어 드리다

❖ 「～ (し) てもらう」は？

❖ 頼み方のいろいろ

🧊 学習のポイント

- ～ (し) てみる (-아/어 보다)、～ (し) ている (-아/어 있다)、～ (し) てくれる / あげる (-아/어 주다)、～ (し) てさしあげる (-아/어 드리다) に当たる表現を覚えます。
- -아/어 있다と -고 있다の2つの「～ (し) ている」の使い分けについて学びます。
- 「～ (し) てもらう」と、いくつかの依頼の表現について考えてみます。

46 -아/어 보다

～(し)てみる

読んでみてください

읽어 보세요

これじゃないのね

고 〉〉

基本形	例	
陽母音 (ㅏ, ㅑ, ㅗ) 語幹 + 아 보다	찾아 봅니다	探してみます
陰母音 (ㅏ, ㅑ, ㅗ 以外) 語幹 + 어 보다	읽어 봐요	読んでみます
하다用言 → 해 보다	부탁해 보세요	頼んでみてください

- 動詞の語幹＋아/어 보다は、「～してみる」に当たる表現です。
- －아/어 봤습니다 / 봤어요と過去形にすると、「～したことがある」の意味で用いられることもあります。

もう一度確認！

補助動詞（助動詞）を接続させる時には、－고ではなく－아/어の語尾を用言につけます。
例）食べてみる：×먹고 보다　○먹어 보다

46-1 （　　　）にふさわしいものを選び、−아/어 보세요をつけて、文を完成させましょう。（先生が学生たちに言っています）

> 풀다　　읽다　　쓰다〈으〉　　듣다〈ㄷ〉

① 교과서를 (읽어 보세요.)
教科書を読んでみてください

② 시디를 (　　　　　　　　　　)
CD を聞いてみてください

③ 연습 문제를 (　　　　　　　　　)
練習問題を解いてみてください

④ 답을 (　　　　　　　　　　　　)
答えを書いてみてください

46-2 A「〜したことがありますか（−아/어 봤어요?）」、B「いいえ、一度〜してみたいです（−아/어 보고 싶어요）」というやりとりを完成させましょう。

① 제주도에 가다　　済州島に行く
　A : 제주도에 (가 봤어요?)
　B : 아뇨, 한번 (가 보고 싶어요.)

② 이 과자를 먹다　　このお菓子を食べる
　A : 이 과자를 (　　　　　　　　　)
　B : 아뇨, 한번 (　　　　　　　　　)

③ 막걸리를 마시다　　マッコリを飲む
　A : 막걸리를 (　　　　　　　　　　)
　B : 아뇨, 한번 (　　　　　　　　　)

> なるほど… −아/어 の語尾を
> 付けないと助動詞につながらないんだね

47 -아/어 있다

～(し)ている

座っています

앉아 있어요

「앉고 있다」では？

もう座っちゃってるから
「앉아 있다」だよ！

基本形	例
陽母音 (ㅏ, ㅑ, ㅗ) 語幹＋아 있다	앉아 있어요　座っています
陰母音 (ㅏ, ㅑ, ㅗ 以外) 語幹＋어 있다	서 있습니다　立っています
하다用言 → 해 있다	발전해 있어요　発展しています

- 動詞の語幹＋아/어 있다は、「～している」に当たる表現ですが、進行形ではなく動作が終わった後の状態を表します。この文型はもっぱら自動詞とともに用います。

- 敬語にする場合は、－아/어 계시다 （～していらっしゃいます）です。

Plus+ ONE

同じ動詞でも、－고 있다をつけた時と－아/어 있다をつけた時でかなり意味が異なるものもあります。
例) 살고 있습니다. 住んでいます　　살아 있습니다. 生きています

47-1 絵を見て（　　　）にふさわしいものを選び、−아/어 있어요 を付けて文を完成させましょう。

> 앉다　　서다　　숨다　　떨어지다

① 새가 나무 위에 (　**앉아 있어요.**　)
鳥が木の上にとまっています

② 나무 옆에 여자애가 (　　　　　　　)
木の横に女の子が立っています

③ 나무 밑에 지갑이 (　　　　　　　)
木の下に財布が落ちています

④ 나무 뒤에 토끼가 (　　　　　　　)
木の後ろにウサギが隠れています

 47-2 対になる動詞を使って、A「〜していますか（−아/어 있어요?）」、B「いいえ、〜しています（−아/어 있어요）」という やりとりを完成させましょう。

① 창문은 열리다 / 닫히다　　窓は開く / 閉まる
　A : 창문은 (　**열려 있어요?**　　)
　B : 아뇨, (　**닫혀 있어요.**　　)

② 형은 눕다〈ㅂ〉 / 일어나다　　兄は横になる / 起きる
　A : 형은 (　　　　　　　)
　B : 아뇨, (　　　　　　　)

③ 언니는 서다 / 앉다　　お姉さんは立つ / 座る
　A : 언니는 (　　　　　　　)
　B : 아뇨, (　　　　　　　)

> なるほど… 「〜している」の韓国語は、
> **−고 있다**と**−아/어 있다**の
> 二つあるんだね。

お悩み解決コーナー 12

「～(し)ている」の使い分け

　日本語の「～している」に当たる表現は、大きく-고 있다と-아/어 있다に分かれます。-고 있다は進行中の行為、-아/어 있다は動作が終わった後の状態を表します。ただし、他動詞の場合は状態を表す時も-고 있다を使うのが一般的です。

와 있어요.
来ています

와 있다は、「すでに来た」状態を表します

오고 있어요.
来ています
（＝向かっています）

오고 있다は
「今来ている最中」を
表します

떨어져 있어요.

落ちています

「すでに落ちた」葉っぱは
떨어져 있다で表します。

떨어지고 있어요.

落ちています
（＝落ちてきている）

「今落ちている最中」の葉っぱは
떨어지고 있다で表します。

他動詞＋고 있다で状態を表す例もあります。

모자를 쓰고 있어요.
帽子をかぶっています

목걸이를 하고 있어요.
ネックレスをしています

가방을 들고 있어요.
カバンを持っています

치마를 입고 있어요.
スカートをはいています

구두를 신고 있어요.
革靴をはいています

48 −아/어 주다
〜（し）てあげる／くれる

案内してあげました

안내해 줬어요

「案内してくれました」かもね

基本形	例	
陽母音（ㅏ, ㅑ, ㅗ）語幹＋아 주다	사 주다	買ってあげる／くれる
陰母音（ㅏ, ㅑ, ㅗ 以外）語幹＋어 주다	알려 주다	教えてあげる／くれる
하다用言 → 해 주다	해 주다	してあげる／くれる

- 🐾 動詞の語幹＋아/어 주다は、「〜してあげる」に当たる表現です。「私（たち）」に向けた行為の場合は、「〜してくれる」の意味になります。
- 🐾 −아/어 주세요については 86 頁を参照してください。
- 🐾 −아/어 주시겠어요?（〜していただけませんか）の形もよく使われます。

もう一度
確認！

주다は「あげる」と「くれる」の両方の意味があります。
例）제가 친구를 안내해 주었습니다. 私が友達を案内してあげました
　　친구가 저를 안내해 주었습니다. 友達が私を案内してくれました

48-1 日本語訳に合うように 주다 を活用してみましょう。

① 친구를 소개해 (주다 → 줬어요.)
친구를 소개해 (주다 → ~~줬어요.~~)
友達を紹介してあげました

② 꽃을 사 (주다 → 　　　　　　　　　)
花を買ってくれました

③ 전화번호를 알려 (주다 → 　　　　　　　　　)
電話番号を教えてあげません

④ 집에 초대해 (주다 → 　　　　　　　　　)
家に招待してくれません

> なるほど…「くれる」も
> 「あげる」も **주다** なんだね。

 48-2 A「〜してくれませんか（-아/어 줄래요?）」、B「もちろん、
〜してあげますよ（-아/어 줄게요）」というやりとりを完成
させましょう。

① 꽃을 사다　花を買う
　A : 꽃을 (사 줄래요? 　　　　)
　B : 그럼요. (사 줄게요. 　　　)

② 피아노를 치다　ピアノを弾く
　A : 피아노를 (　　　　　　　)
　B : 그럼요. (　　　　　　　)

③ 노래를 부르다 〈르〉　歌を歌う
　A : 노래를 (　　　　　　　)
　B : 그럼요. (　　　　　　　)

49 −아/어 드리다
〜(し) てさしあげる、お/ご〜する

ご案内しました

안내해 드렸어요

相手が目上だからね…

基本形	例
陽母音 (ㅏ, ㅑ, ㅗ) 語幹＋아 드리다	싸 드리다　包んでさしあげる
陰母音 (ㅏ, ㅑ, ㅗ 以外) 語幹＋어 드리다	넣어 드리다　入れてさしあげる
하다用言 → 해 드리다	해 드리다　してさしあげる

- 目上の人に何かをしてあげる場合は、주다の代わりに드리다 (さしあげる) を用いて「〜してさしあげる」と謙譲表現にします。

- 「お/ご〜する」という日本語の謙譲表現を韓国語にする時も −아/어 드리다を用います。

もう一度
確認!

謙譲と尊敬の敬語をしっかり使い分けてください。

선생님을 안내해 드립니다.　先生をご案内します (謙譲)

선생님이 안내해 주십니다.　先生が案内してくださいます (尊敬)

49-1 ( )にふさわしいものを選び、−아/어 드리겠습니다を
つけて、文を完成させましょう。(ガイドさんのセリフです)

> 들다　　안내하다　　설명하다　　빌리다

① 제가 시내를 (**안내해 드리겠습니다.**)
　　私が街をご案内します

② 제가 짐을 ( )
　　私が荷物をお持ちします

③ 제가 서울에 대해 ( )
　　私がソウルについてご説明します

④ 제가 휴대폰을 ( )
　　私が携帯をお貸しします

> なるほど…「お／ご〜します」も
> 「してさしあげます」と表現するんだね。

49-2 A「〜いたしましょうか (−아/어 드릴까요?)」B「はい、
〜してください (−아/어 주세요)」というやりとりを完成さ
せましょう。

① 계산하다　　会計する
　A : (**계산해 드릴까요?**)
　B : 네, (**계산해 주세요.**)

② 봉지에 넣다　　袋に入れる
　A : 봉지에 ( )
　B : 네, ( )

③ 따로따로 싸다　　別々に包む
　A : 따로따로 ( )
　B : 네, ( )

「〜(し)てもらう」の使い分け
받다 は使いません！

　「〜してくれる」や「〜してあげる」は −아/어 주다でしたが、「〜してもらう」は、韓国語でどう表現するのでしょうか。

「もらう」に当たる韓国語は 받다だから…

-아/어 받다??

間違い！
こんな言い方は
無いんだ…

つまり
　「韓国語を教えてもらいました」

~~한국말을 가르쳐 받았어요.~~

じゃ、どう
言えばいいの…？

-아/어 주다 を使うしかないんだ！

「韓国語を教えてもらいました」
　　→「韓国語を教えてくれました」

한국말을 가르쳐 주었어요.

「～に～してもらう」を
「くれる」で言い換えた時に、
「～に」が「～が」と助詞も同時
に変わるので注意！

「友達に教えてもらいました」
　　→「友達が教えてくれました」

친구가 가르쳐 주었어요.

　「～してもらう」の敬語「～していただく」も、「～してくださる＝ －아/어 주시다」を
用いて表現します。

「先生に教えていただきました」
　　→「先生が教えてくださいました」

선생님이 가르쳐 주셨어요.

頼み方のいろいろ

　頼む時の表現は －아/어 주세요「～してください」だけではありません。日本語同様いろいろな頼み方があり、それぞれ丁寧度が違います。

빌려 줘요.
貸してちょうだい

－아/어 줘요はため口では
ありませんが、親しい間で使います。
ただし、目上の人には使えません。

빌려 줄래요?
貸してくれませんか

－아/어 줄래요? は相手の意向を聞く分、
－아/어 줘요よりは丁寧ですが、
目上の人には使えません。
日本語の「～しませんか」のように
否定にしないことが多いです。

빌려 주세요.

貸してください

−아/어 주세요는、
敬語も入ってかなり丁寧な表現です。

빌려 주실래요?

貸していだだけません?

−아/어 주실래요?は、
相手の意思を聞くことで、
さらに丁寧な表現になります。

100 万円…

빌려 주시겠습니까?

貸していただけませんか

−아/어 주시겠습니까?は、
敬語も使い 겠 も入ることで、
一番丁寧な頼み方になっています。

5分間の 力だめし!

❖日本語の意味に合うように、正しいものを選んでください。

❶ 유학생 친구가 (가르쳐 주었어요 / 가르쳐 받았어요).
留学生の友人が教えてくれました。

❷ 부산에는 한 번도 못 (가 봐요 / 가 봤어요).
プサンには一度も行っていません。

❸ 선생님, 제 전화번호를 (알려 드릴까요 / 알려 줄까요)?
先生、私の電話番号をお教えいたしましょうか。

❹ 제가 선생님을 (안내해 드렸어요 / 안내해 주었어요).
私が先生をご案内いたしました。

❺ 할아버지, 주무세요? (일어나고 / 일어나) 계세요?
おじいさん、お休みですか? 起きておられますか?

▶ 46 ～ 49の答え

① (가르쳐 주었어요 / 가르쳐 받았어요)

② (가 봐요 / 가 봤어요)

③ (알려 드릴까요 / 알려 줄까요)?

④ (안내해 드렸어요 / 안내해 주었어요)

⑤ (일어나고 / 일어나)

現在連体形と慣用表現

50 - 는
51 - 는 게 좋다
52 - ㄴ / 은
53 - 는 (ㄴ / 은) 것이다

❖ 「の」のいろいろ

🧊 学習のポイント

- 連体形とは、「行く人」「好きな人」のように用言（動詞・存在詞・形容詞・指定詞）が体言を修飾する形です。

- 現在連体形は用言の種類によって異なる形をとるため、用言の種類を常に把握しておくことが重要です。特に日本語の形容動詞は韓国語では動詞や形容詞に分類されるので注意してください。

例) 싫어하다 嫌いだ：動詞　　싫다 嫌だ：形容詞

※用言の種類：動詞 動　形容詞 形　存在詞 存　指定詞 指

存在詞：있다（ある、いる）없다（ない、いない）のほか、맛있다（おいしい）や 재미없다（面白くない）など －있다、－없다のついた単語も存在詞として扱います。

指定詞：이다（～だ）아니다（～でない）のみ

- ㄹ語幹用言は、連体形の前でㄹが消えてしまう場合があります。（ㄹ語幹用言については、246頁参照）

50 －는

～する（＋名詞） 動詞・存在詞の現在連体形

知っている人

아는 사람

「알다」の「ㄹ」は？

消えたのよ！

基本形	例
動・存 の語幹＋는 （ㄹ語幹はㄹが消える）	마시다＋물 → 마시는 물　飲む水（飲み水） 알다＋사람 → 아는 사람　知っている人 있다＋돈 → 있는 돈　ある金

- 動詞・存在詞の現在連体形は、語幹の種類に関係なく語幹に－는をつける
  だけです。ㄹ語幹の動詞の場合は、ㄹが消えて、－는がつきます。

- 맛있다（おいしい）や 재미없다（面白くない）など－있다、－없다のついた
  単語は存在詞として扱います。

- 連体形の後は1文字あけて分かち書きをします。

もう一度
確認！

ㄹ語幹の動詞に現在連体形 －는がつくとㄹは消えます。
例）知っている人：×알는 사람　○아는 사람

50-1 −는を用いて、動詞・存在詞と名詞をつないでみましょう。

① 맛있다 / 김치　⇨　맛있는 김치
　　おいしいキムチ

② 만들다 / 요리　⇨　_____
　　作る料理

③ 좋아하다 / 고기　⇨　_____
　　好きな肉

④ 싫어하다 / 음식　⇨　_____
　　嫌いな食べ物

　　 싫어하다、좋아하다は動詞です！

50-2 (　　　)にふさわしいものを選び、−는をつけて、文を完成させましょう。

┌─────────────────────────────────────┐
│　재미있다　　쉬다　　공부하지 않다　　알다　│
└─────────────────────────────────────┘

① 오늘은 (쉬는) 날이에요.
　　今日は休日 (休む日) です

② (　　　　　　　　　　) 한국 영화를 봤어요.
　　面白い韓国映画を観ました

③ (　　　　　　　　　　) 사람하고 같이 갔어요.
　　知り合いといっしょに行きました

④ 한국어를 (　　　　　　　　　　) 날은 없어요.
　　韓国語を勉強しない日はありません

なるほど…
否定になっても品詞は変わらないんだ。

51 -는 게 좋다
~（し）たほうがいい

休んだほうがいいです

쉬는 게 좋아요

「休んだ」なのに
「쉬는」？

「ほうが」が「게」かな？

基本形	例
動・存 の語幹＋는 게 좋다 （ㄹ語幹はㄹが消える）	쉬는 게 좋다　休んだほうがいい 만드는 게 좋다　作ったほうがいい 집에 있는 게 좋다　家にいたほうがいい

- −는 게 좋다は直訳すると「～するのがいい」ですが、日本語の「～したほうがいい」に当たる表現です。

- 自分の意見を言ったりアドバイスや助言などに使います。게は것이の縮約形です。

もう一度
確認！

ㄹ語幹の動詞に現在連体形の−는がつくとㄹは消えます。
例）作ったほうがいい：×만들는 게 좋다.　○만드는 게 좋다.

51-1 ( ) の語句に－는 게 좋아요をつけて、助言してみましょう。

① 朝食を食べない会社の同僚に （ 아침밥을 먹다 ）

　⇨ 아침밥을 **먹는 게 좋아요.**

② 疲れている夫に （ 집에서 쉬다 ）

　⇨

③ 健康を心配している友人に （ 술은 안 마시다 ）

　⇨

④ 明日朝から用事があるという妻に （ 일찍 자다 ）

　⇨

51-2 －는 게 좋아요を使って「～したほうがいいです」とアドバイスをしてみましょう。

 ① A : 눈이 나빠요.
　　B : **안경을 쓰는 게 좋아요.**
　　（안경을 쓰다 メガネをかける）

 ② A : 배가 아파요.
　　B : ＿＿＿＿＿＿＿＿＿＿＿＿
　　（약을 먹다 薬を飲む）

 ③ A : 비가 많이 와요.
　　B : ＿＿＿＿＿＿＿＿＿＿＿＿
　　（집에 있다 家にいる）

なるほど… **－는 게 좋아요** は
丸ごと覚えておこう。

52 ㄴ/은

〜な（＋名詞）　形容詞・指定詞の現在連体形

忙しい人

바쁜 사람

これは違うのか…

ㄴ

「바쁘다」は
形容詞だから！

基本形	例
形・指 母音語幹＋ㄴ	바쁘다＋사람　→　바쁜 사람　忙しい人 학생이다＋사람　→　학생인 사람　学生である人
形 子音語幹＋은	좋다＋친구　→　좋은 친구　いい友達
形 ㄹ語幹（ㄹが消える）＋ㄴ	길다＋ 머리　→　긴 머리　長い髪

🐾 形容詞・指定詞の現在連体形は、母音語幹か子音語幹によって異なる形を
つけます。ㄹ語幹の形容詞の場合は、ㄹが消えて、ㄴがつきます。

🐾 連体形の後は1文字あけて分かち書きをします。

もう一度
確認！

ㄹ語幹の形容詞はㄹが消えて、語幹の下にㄴが入ります。
例）長い髪：×길은 머리　○긴 머리

52-1 −ㄴ/은を用いて、形容詞と名詞をつないでみましょう。

① 예쁘다 / 구두　　⇨　　예쁜 구두
　 きれいな靴

② 짧다 / 바지　　⇨　　_____
　 短いズボン

③ 작다 / 방　　　⇨　　_____
　 小さい部屋

④ 키가 크다 / 형　⇨　　_____
　 背が高い兄

52-2 （　　　）にふさわしいものを選び、−ㄴ/은をつけて、文を
完成させましょう。

> 아니다　　이다　　가깝다〈ㅂ〉　　찾고 싶다

① 회사원 (인) 분은 말씀해 주세요.
　 会社員である方はおっしゃってください

② 회사원이 (　　　　　　　　) 분은 이쪽으로 오세요.
　 会社員でない方はこちらに来てください

③ 편한 일을 (　　　　　　　) 분, 계세요?
　 楽な仕事を探したい方、いらっしゃいますか　☞ −고 싶다は形容詞です

④ 역에서 (　　　　　　　　) 곳이 좋아요.
　 駅から近い所がいいです

> なるほど… ㅂ 変則の連体形は
> −운 と覚えておこう。

53 —는(ㄴ/은) 것이다
〜のだ、〜んだ

ないんです

없는 거예요

存在詞だから「는」だよね！

基本形	例	
動・存 の語幹＋는 것이다	부르는 거예요	呼ぶんです
	없는 거예요	ないんです
形・指 の語幹＋ㄴ/은 것이다	예쁜 것이에요	きれいなんです
	학생인 거예요	学生なんです

:dog: 現在連体形＋것이다 の形で、動作や状態などを説明する時に使います。

:dog: ㄹ語幹の動詞の場合は、ㄹが消えて−는 것이다がつき、ㄹ語幹の形容詞の場合は、ㄹが消えて、−ㄴ 것이다がつきます。거는 것の話し言葉形です。

もう一度
確認！

ㄹ語幹の形容詞はㄹが消えて、語幹の下にㄴが入ります。
例）髪が長いんです：×머리 길은 거예요. ○머리가 긴 거예요.

53-1 存在詞には −는 거예요、形容詞には −ㄴ/은 거예요をつけて、犬について説明してみましょう。

① 개가 진짜 멋있다 犬が本当にかっこいい
   ⇨ 개가 진짜 **멋있는 거예요.**

② 눈이 크다 目が大きい
   ⇨

③ 얼굴은 작다 顔は小さい
   ⇨

④ 다리가 길다 脚が長い
   ⇨

 53-2 (　　　)にふさわしいものを選び、動詞・存在詞には −는 거예요、指定詞には −ㄴ 거예요をつけて、文を完成させましょう。(ある日のことを説明しています)

이다　　없다　　부르다　　내리다

① 갑자기 비가 (**내리는 거예요.**)
   急に雨が降ってきたんです

② 그런데 우산이 (　　　　　　　　)
   でも傘がないんです

③ 그때 누가 나를 (　　　　　　　　)
   その時誰かが私を呼ぶんです

④ 돌아가신 할머니 목소리 (　　　　　　)
   お亡くなりになった祖母の声なんです

> なるほど…
> 日本語でも「〜んです」はよく使うもんね。

「の」のいろいろ

　日本語の「の」がいつも韓国語の助詞의に相当するわけではありません。**이다**「だ、である」の連体形**인**で表現する場合や、「こと、もの」を意味する**것（거）**に相当する場合もあります。

妻です

의사의 아내
医者の妻

의を使うと「医者」と「妻」は
別の人物になります。

의사인 아내
医者の妻

「医者」＝「妻」の場合は
이다「である」の連体形인を
用います。

妻です

自転車に乗るのが
私の趣味です

자전거를 타는 것이
제 취미예요.

자전거に乗るのが私の趣味です

後ろに助詞がつづく時の「の」は것
「もの、こと」の意味です。

私のです

이건 제 거예요.

これは私のです

後ろに이다がつづく時の
「の」も것(거)を用います。

健康にも
いいんです

건강에도
좋은 거예요.

健康にもいいんです

「〜んです」は「〜のです」の
話し言葉形です。

5分間の 力だめし!

❖ 日本語の意味に合うように、正しいものを選んでください。

❶ 아주 (재미있은 / 재미있는) 영화를 봤어요.

とても面白い映画を観ました。

❷ (좋아하는 / 좋아한) 가수가 있어요?

好きな歌手がいますか。

❸ 매일 30분 정도 (걷는 / 걸은) 게 좋아요.

毎日 30 分くらい歩いた方がいいです。

❹ 그날은 아주 (춥은 / 추운) 날이었어요.

その日はとても寒い日でした。

❺ 어제 (길은 / 긴) 치마를 하나 샀어요.

昨日長いスカートを一つ買いました。

▶ 50 〜 53 の答え

① (재미있은 / 재미있는)

② (좋아하는 / 좋아한)

③ (걷는 / 걸은)

④ (춥은 / 추운)

⑤ (길은 / 긴)

過去連体形と
慣用表現

54 - ㄴ / 은
55 - ㄴ / 은 적이 있다 / 없다
56 - ㄴ / 은 뒤에
57 - 았 / 었던
58 - 던

🟦 学習のポイント

・過去連体形は用言の種類によって異なる形を取るため、用言の種
　類を常に把握しておくのが重要です。

・語幹の種類や形を見極めて過去連体形をつけます。連体形の後は
　1文字あけて分かち書きをします。

・ㄹ語幹動詞の場合はㄹが落ちて過去連体形のㄴがつきます。

54 ー ㄴ / 은

〜(し)た（＋名詞）　動詞の過去連体形

覚えた単語

외운 단어

動詞なのに「ㄴ」？

基本形	例
母音語幹＋ㄴ	외우다＋단어 → 외운 단어　覚えた単語
子音語幹＋은	먹다＋빵 → 먹은 빵　食べたパン
ㄹ語幹（ㄹが消える）＋ㄴ	만들다＋요리 → 만든 요리　作った料理

- 動詞の過去連体形は、母音語幹か子音語幹によって異なる形をつけます。

  ㄹ語幹の動詞の場合は、ㄹが消えて、ㄴがつきます。

- 動詞＋ㄴ / 은 것이다（〜したのだ）の形も覚えておきましょう。

  例）외운 것이다.　覚えたのだ

もう一度
確認！

ㄹ語幹の動詞はㄹが消えて、ㄴが入ります。

例）作った料理：×만들은 요리　○만든 요리

54-1 ㅡㄴ/은を用いて、動詞と名詞をつないでみましょう。

① 사랑하다 / 사람　➡　**사랑한** 사람
　愛した人

② 같이 찍다 / 사진　➡　_____
　いっしょに撮った写真

③ 어제 외우다 / 단어　➡　_____
　昨日覚えた単語

④ 아버지와 놀다 / 기억　➡　_____
　父と遊んだ記憶

54-2 (　　　)にふさわしいものを選び、動詞の過去連体形 ㅡㄴ/
은をつけて、文を完成させましょう。

> 쓰다　　사다　　짓다〈ㅅ〉　　듣다〈ㄷ〉

① 그때 (**산**) 사전이에요.
　その時買った辞書です

② 단어를 열 번씩 (　　　　　) 노트예요.
　単語を 10 回ずつ書いたノートです

③ 선생님한테서 (　　　　　) 이야기예요.
　先生から聞いた話です

④ 작년에 (　　　　　) 건물이에요.
　去年建てた建物です

なるほど… 은 も ㅇ で始まるものだから
変則が起こるんだね。

55 −ㄴ/은 적이 있다/없다

～（し）たことがある／ない

食べたことがあります

먹은 적이 있어요

「적」って何？

「こと」？

基本形	例
母音語幹＋ㄴ 적이 있다／없다	말한 적이 있다　話したことがある
子音語幹＋은 적이 있다／없다	먹은 적이 없다　食べたことがない
ㄹ語幹（ㄹが消える）＋ㄴ 적이 있다／없다	산 적이 있다　住んだことがある

- 動詞の過去連体形＋적이 있다／없다は、経験の有無を表す表現です。
- ㄹ語幹の動詞の場合は、ㄹが消えて、ㄴがつきます。
- −아/어 본 적이 있다／없다は「～（し）てみたことがある／ない」という表現です。

もう一度
確認！

ㄹ語幹の動詞はㄹが消えて、ㄴが入ります。
例）住んだことがあります：×살은 적이 있어요.
　　　　　　　　　　　　○산 적이 있어요.

55-1 ( )にふさわしいものを選び、-ㄴ/은 적이 있어요/없어요をつけて、文を完成させましょう。

> 타다　　가다　　만나다　　마시다

① 배를 (**탄 적이 있어요.**)
船に乗ったことがあります

② 부산에 ( )
プサンに行ったことがあります

③ 그 배우를 ( )
その俳優に会ったことがありません

④ 같이 막걸리를 ( )
いっしょにマッコリを飲んだことがありません

 55-2 A「～したことがありますか (-ㄴ/은 적이 있어요?)」、B「いえ、ありません (아니, 없어요)」というやりとりを完成させましょう。

① 한국어로 말하다　韓国語で話す
　A : 한국어로 (**말한 적이 있어요?**)
　B : (**아니, 없어요.**)

② 삼계탕을 먹다　サムゲタンを食べる
　A : 삼계탕을 ( )
　B : ( )

③ 한국어로 편지를 쓰다　韓国語で手紙を書く
　A : 한국어로 편지를 ( )
　B : ( )

> なるほど…
> **-ㄴ/은 적이 있어요?** で、
> 経験ありますかという意味になるんだね。

56

-ㄴ/은 뒤에
～(し)た後(で)、～(し)てから

宿題した後(で)

숙제한 뒤에

「에」って「に」じゃ
なかったっけ？

基本形	例
母音語幹＋ㄴ 뒤/후/다음에	숙제한 뒤에　宿題してから
子音語幹＋은 뒤/후/다음에	먹은 다음에　食べた後で
ㄹ語幹（ㄹが消える）＋ㄴ 뒤/후/다음에	논 후에　遊んだ後で

:● 動詞の過去連体形＋뒤에は、「～した後（で）」「～してから」に当たる表現です。뒤は후や다음に置き換えることができます。

:● ㄹ語幹の動詞の場合は、ㄹが消えて、ㄴがつきます。

Plus⁺ ONE　-ㄴ/은 뒤에は124頁で学習した고に置き換えることができます。
例）숙제한 뒤에 자요. ＝ 숙제하고 자요.

下線部を −ㄴ/은 다음にして、「〜した後で〜します」という文を作りましょう。

① 한 번 <u>써요</u>. 두 번 읽어요.
　⇨ 한 번 쓴 다음에 두 번 읽어요.
　1回書いた後で、2回読みます

② 먼저 <u>식사해요</u>. 술을 마셔요.
　⇨
　先に食事をした後で、お酒を飲みます

③ 텔레비전을 <u>봐요</u>. 공부해요.
　⇨
　テレビを見た後で、勉強します

> なるほど…「後で」の「で」には
> 「**에**」を使うんだね。

 56-2 次の質問に、「〜してから〜します (−ㄴ/은 뒤에 −ㄹ/을게요)」と返事してみましょう。

① A : 공부 안 해요?
　B : <u>30분만 논 뒤에 할게요.</u>
　　(30분만 놀다　30分だけ遊ぶ)

② A : 안 자요?
　B : ＿＿＿＿＿＿＿＿＿＿＿＿＿＿
　　(조금만 공부하다　すこしだけ勉強する)

③ A : 운동 안 해요?
　B : ＿＿＿＿＿＿＿＿＿＿＿＿＿＿
　　(시험이 끝나다　試験が終わる)

④ A : 밥 안 먹어요?
　B : ＿＿＿＿＿＿＿＿＿＿＿＿＿＿
　　(번역 일을 끝내다　翻訳の仕事を終える)

57 -았/었던

〜かった（＋名詞）、〜だった（＋名詞）
形容詞・存在詞・指定詞の過去連体形

学生だった私

학생이었던 나

ここには「었」が
入っているね…

| 5年前 | | | 現在 |

基本形	例
陽母音（ㅏ、ㅑ、ㅗ）語幹＋았던	좋았던 시절　よかった時代
陰母音（ㅏ、ㅑ、ㅗ 以外）語幹＋었던	멋있었던 형　かっこよかった兄
하다用言 → 했던	조용했던 집　静かだった家

- 形容詞・存在詞・指定詞の過去連体形は、陽母音語幹か陰母音語かによって異なる形をつけます。

- 指定詞이다の이었던は、母音終わりの名詞の後では縮約して였던になります（例：교사였던 형　教師だった兄）。
  なお、指定詞아니다の過去連体形아니었던は縮約しません。

アニダの過去連体形아니었던は縮約しません。
例）会社員でなかった私：×회사원이 아녔던 나
　　　　　　　　　　　　　○회사원이 아니었던 나

57-1 −았/었던を用いて、形容詞・存在詞・指定詞と名詞をつないでみましょう。

① 싫다 / 것　　　⇨　싫었던 것

嫌だったこと

② 조용하다 / 거리　⇨　_____

静かだった街

③ 재미있다 / 시간　⇨　_____

楽しかった時間

④ 의사이다 / 친구　⇨　_____

医者だった友達

 57-2 （　　　）にふさわしいものを選び、−았/었던をつけて文を完成させましょう。

> 행복하다　춥다〈ㅂ〉　이다　바쁘다〈으〉

① (행복했던) 시간이 생각나요.

幸せだった時間が思い出されます

② 그때 중학생(　　　　　) 여동생이 벌써 결혼해요.

あの時中学生だった妹がもう結婚します

③ 몹시 (　　　　　) 날의 일이에요.

非常に寒かった日のことです

④ (　　　　　) 1년이 지나갔어요.

忙しかった1年が過ぎました

> なるほど… −았/었던も ㅇ で始まるものだから変則が起こるんだね。

58 −던
〜(し)ていた (＋名詞)

住んでいた家

ここは「던」だけ？

基本形	例
動の語幹＋던	쓰던 연필　使っていた鉛筆 살던 집　住んでいた家 읽던 잡지　読んでいた雑誌

- −던は動詞の語幹について「〜していた」という意味を表す連体形です。
- 過去に持続的に行われていた行動や習慣、もしくは途中で中断した行動などに使います。

もう一度確認！

持続的に行われていた行動や習慣などには −ㄴ/은ではなく、−던を使います。
例）（小さい時よく）食べていたチゲ：×먹은 찌개　○먹던 찌개

−던を用いて、動詞と名詞をつないでみましょう。

① 자주 가다 / 식당　⇨　자주 **가던** 식당 _____
よく行っていた食堂

② 내가 살다 / 고향　⇨　_____
私が住んでいた故郷

③ 함께 걷다 / 길　⇨　_____
いっしょに歩いていた道

④ 누나가 타다 / 자전거 ⇨　_____
姉が乗っていた自転車

58-2　(　　　)にふさわしいものを選び、−던をつけて文を完成させましょう。

> 먹다　　들다　　읽다　　쓰다

① 내가 (**먹던**) 술, 어디 있어요?
私が飲んでいたお酒、どこにありますか?　▽ 술을 먹다で「お酒を飲む」

② 내가 (　　　　　) 책, 못 봤어요?
私が読んでいた本、見ませんでしたか?

③ 내가 (　　　　　) 연필, 못 봤어요?
私が使っていた鉛筆、見ませんでしたか?

④ 내가 작년에 (　　　　　) 가방, 못 봤어요?
私が去年持っていたカバン、見ませんでしたか?

> なるほど… 動詞+**던**(〜していた)と、
> 動詞+**ㄴ/은**(〜した)は
> ちゃんと区別しなくちゃ。

5分間の**力だめし!**

❖ 日本語の意味に合うように、正しいものを選んでください。

❶ 정말 (맛있는 / 맛있은) 저녁을 먹었어요.
本当においしい夕食を食べました。

❷ 김치찌개는 (만들은 / 만든) 적이 없어요.
キムチチゲは作ったことがありません。

❸ 매일 (운동하는 / 운동한) 뒤에 샤워를 해요.
毎日運動してからシャワーをします。

❹ 대학생 때 자주 (간 / 가던) 식당에 가고 싶어요.
大学生の時よく行っていた食堂に行きたいです。

❺ 그때 중학생 (이었던 / 인) 조카가 아빠가 됐어요.
あの時中学生だった甥がパパになりました。

❻ 키가 (작은 / 작았던) 동생이 지금은 저보다 커요.
背が低かった弟が今は私より大きいです。

▶ 54 〜 58 の答え
① (맛있는 / 맛있은)
② (만들은 / 만든)
③ (운동하는 / 운동한)
④ (간 / 가던)
⑤ (이었던 / 인)
⑥ (작은 / 작았던)

未来連体形と
慣用表現

59 - ㄹ / 을

❖ 未来連体形 vs 現在連体形

60 - ㄹ / 을 것이다

❖ - ㄹ / 을 것이다と - 겠の
使い分け

61 - ㄹ / 을 수 있다

 学習のポイント

・未来連体形は、「（これから）〜する」「〜すべき」という意味を表します。日本語にはない文法なので例文を丸ごと覚えておきましょう。

・未来の意味とは関係ない、「〜する時」「〜するだろう」「〜することができる／できない」などの表現にも - ㄹ / 을の形が使われます。慣用表現は丸ごと覚えましょう。

59

ㄹ/을

(これから)～する（＋名詞）、～すべき（＋名詞）

あとで食べるパン

이따가 먹을 빵

「먹는」じゃないの？　　まだ食べていないから！

基本形	例
母音語幹＋ㄹ	바쁠 시간　忙しい時間
子音語幹＋을	먹을 빵　食べるパン
ㄹ語幹（ㄹが消える）＋ㄹ	놀 때　遊ぶ時

- ㄹ/을は用言につく未来連体形です。「（これから）～する」「～すべき」という意味を表し、まだ実現してない計画や予定、考えなどに使います。
- ㄹ語幹の動詞・形容詞の場合は語幹のㄹが消えて未来連体形のㄹが入ります。
- 未来連体形の後のㄱㄷㅂㅅㅈはㄲㄸㅃㅆㅉと発音されます（濃音化）。
  例）바쁠 시간 [--씨-]

もう一度
確認！

「～する時」は必ず未来連体形を用いて－ㄹ/을 때と表現します。

なお、「～した時」は－았/었을 때です。

例）遊ぶ時：×노는 때　　○놀 때

　　撮った時：×찍은 때　　○찍었을 때

59-1 −ㄹ/을を用いて、動詞と名詞をつないでみましょう。

① 내일 가다 / 곳　⇨　<u>내일 **갈** 곳</u>
　明日行く所

② 결혼하다 / 사람　⇨　_____
　結婚する人

③ 술 마시다 / 예정　⇨　_____
　酒 (を) 飲む予定

④ 이사하다 / 계획　⇨　_____
　引っ越しする計画

> なるほど…未来連体形は
> これからする行為に使うんだね。

 59-2 （　　　）にふさわしいものを選び、−ㄹ/을 때 (〜する時) を
つけて文を完成させましょう。

> 돌아가다　아프다　바쁘지 않다　찍다

① 이건 배가 (**아플 때**) 먹는 약이에요.
　これはお腹が痛い時飲む薬です

② 사진을 (　　　　　　　　) 같이 가요.
　写真を撮る時いっしょに行きましょう

③ (　　　　　　　　) 전화 주세요.
　忙しくない時、電話してください

④ 한국에 (　　　　　　　) 연락 주세요.
　韓国に帰る時ご連絡ください

未来連体形vs現在連体形

　日本語の「～する～」という連体形の表現を韓国語にしようとした時、現在連体形を使えばいいのか未来連体形を使えばいいのか迷う場面が多々あります。今現在まさに「～している」あるいは繰り返し「～している」場合は現在連体形で表しますが、まだ実現しておらずこれからする行為については未来連体形で表します。

ジュース飲む人は？

마실 사람
飲む人

これから「飲む」ので
未来連体形を使います。

ジュースを飲む人ばかりじゃないか

마시는 사람
飲む人＝飲んでいる人

今「飲んでいる」場合は
現在連体形を使います。

마시는 것
飲むこと

習慣的にしていることや、
一般的な行為を言う場合は
現在連体形を使います。

안 마실 생각
飲まないつもり

생각 (つもり)、예정 (予定)、
필요 (必要) などいくつかの名詞の
前では未来連体形を使います。

마실 사람
飲む人

存在しない人や
物については
未来連体形を使います。

60 ーㄹ/을 것이다
~つもりだ、~だろう

出るつもりです

나갈 거예요

「는 거예요」と
似ているね？

意味が全然違うよ！

基本形	例
母音語幹+ㄹ 것이다	나갈 거예요　出るつもりです
子音語幹+을 것이다	재미있을 것입니다　面白いでしょう
ㄹ 語幹（ㄹが消える）＋ㄹ 것이다	불 거예요　吹くでしょう

- ・ーㄹ/을 것이다は、平叙文では話し手の意志「~するつもりだ」を表し、疑問文では聞き手の意向の確認「~するつもりか」を表します。また第3者や自然、出来事に用いると「~だろう」という推量の表現になります

- ・未来連体形の後のㄱㄷㅂㅅㅈはㄲㄸㅃㅆㅉと発音されるので、ーㄹ/을 거예요の거예요は［꺼에요］になります。

- ・것이다の합니다体は것입니다/겁니다、해요体は것이에요/거예요です。

もう一度
確認！

ㄹ語幹の動詞・形容詞はㄹが消えて、未来連体形ㄹが入ります。
例）吹くでしょう：×불을 거예요　○불 거예요
　　長いでしょう：×길을 거예요　○길 거예요

60-1 （　　　）にふさわしいものを選び、－ㄹ/을 거예요をつけて、
自然現象を言ってみましょう。

> 내리다　　불다　　춥다〈ㅂ〉　　따뜻하다

① 눈이 (**내릴 거예요.** 　　)
雪が降るでしょう

② 바람이 (　　　　　　　　)
風が吹くでしょう

③ 낮에는 (　　　　　　　　　　)
昼は暖かいでしょう

④ 밤에는 (　　　　　　　　　)
夜は寒いでしょう

 60-2 A「〜するつもりですか（－ㄹ/을 거예요?）」、B「はい、〜す
るつもりです（－ㄹ/을 겁니다）」というやりとりを完成さ
せましょう。

① 시합에 나가다　　試合に出る
　A : 시합에 (**나갈 거예요?** 　　)
　B : 네, (**나갈 겁니다.** 　　)

② 유학을 가다　　留学に行く
　A : 유학을 (　　　　　　　　)
　B : 네, (　　　　　　　　　)

③ 담배를 끊다　　タバコをやめる
　A : 담배를 (　　　　　　　　)
　B : 네, (　　　　　　　　　)

> なるほど… 使ってみよう！
> **"나는 한국어를 공부할 거예요!"**

-ㄹ/을 것이다と-겠の使い分け

　「-ㄹ/을 것이다」と「-겠」はどちらも意志や推量を表しますが、ニュアンスの違いがあり、使い分けが必要です。-ㄹ/을 것이다は冷静で客観的な意志・推量を表し、-겠は情緒的で主観的な意志・推量を表します。

제가 안내할 겁니다.
私が案内する予定です

淡々と自分の予定を述べる時には
-ㄹ/을 것이다を用います。

제가 안내하겠습니다.
私がご案内いたします

相手への配慮や気遣いを伝える
時は、겠を用います。

재미있을 겁니다.
面白いですよ

頭で考えた理性的な予想には
−ㄹ/을 것이다を使います。

재미있겠어요.
面白そうですね

直観的な予想には
−겠を使います。

피곤하시겠어요.
お疲れでしょう

피곤하실 거예요.
きっとお疲れなのよ

聞き手への気遣いの有無が
−겠어요と−ㄹ/을 거예요を
使い分けるポイントです。

61 -ㄹ/을 수 있다

〜（する）ことができる、〜られる

食べられますか

먹을 수 있어요?

この「수」はなに？

基本形	例
母音語幹＋ㄹ 수 있다	부를 수 있습니다　歌えます
子音語幹＋을 수 있다	읽을 수 있어요?　読めますか
ㄹ語幹（ㄹが消える）＋ㄹ 수 있다	놀 수 있어요　遊べます

- 動詞の語幹＋ㄹ/을 수 있다は「〜（する）ことができる」「〜られる」という可能の表現です。수はもともと方法や手段の意味です。
- −ㄹ/을 수 있다の있다を없다に換えると「〜（する）ことができない」という不可能の意味になります。「しようがない」もこの表現を使って할 수 없다と言います。
- 「〜ができる」は−를/을を用いて、−를/을 할 수 있다と表現します。

 Plus+ ONE 「ㄹ/을 수」の後には「가・는・도」などの助詞を入れることができます。
例) 놀 수도 없어요．遊ぶこと**も**できません

61-1 (）にふさわしいものを選び、－ㄹ/을 수 있어요?をつけて、できるかどうか聞いてみましょう。

> 읽다　부르다〈르〉　알아듣다〈ㄷ〉　설명하다

① 한글을 (**읽을 수 있어요?** 　　　)
ハングルが読めますか?

② 이 문법을 (　　　　　　　　　　)
この文法が説明できますか?

③ 한국 노래를 (　　　　　　　　　)
韓国の歌が歌えますか

④ 선생님의 말을 (　　　　　　　　　)
先生の話が聞き取れますか

> なるほど… 使ってみよう!
> **"나는 한국어를 할 수 있어요!"**

 61-2 A「～することができますか (－ㄹ/을 수 있어요?)」、B「いいえ、～することができません (－ㄹ/을 수 없어요)」というやりとりを完成させましょう。

① 일찍 일어나다　　早く起きる
　A : 일찍 (**일어날 수 있어요?** 　)
　B : 아뇨, (**일어날 수 없어요.** 　)

② 약속하다　　約束する
　A : (　　　　　　　　　　)
　B : 아뇨, (　　　　　　　　　)

③ 시합에서 이기다　　試合で勝つ
　A : 시합에서 (　　　　　)
　B : 아뇨, (　　　　　　　　)

5分間の力だめし!

❖日本語の意味に合うように、正しいものを選んでください。

❶ 아무도 (없는 / 없을) 때 손님이 찾아왔어요.
　誰もいない時、お客さんが訪ねてきました。

❷ 한국에 (가는 / 갈) 예정은 없어요.
　韓国に行く予定はありません。

❸ 내일은 비가 (올 / 오는) 거예요.
　明日は雨が降るでしょう。

❹ 여기서 사진을 (찍을 / 찍는) 수 있어요?
　ここで写真を撮ることができますか。

❺ 같이 (살 / 사는) 수 없어요.
　いっしょに暮らせません。

▶59～61の答え
① (없는 / **없을**)
② (가는 / **갈**)
③ (**올** / 오는)
④ (**찍을** / 찍는)
⑤ (**살** / 사는)

様態
言い切らない表現

62 名詞＋같다
63 -는(ㄴ/은) 것 같다
64 -ㄴ/은(았/었던) 것 같다
65 -ㄹ/을 것 같다

🧊 学習のポイント

- 「～みたいだ」「～ようだ」「～しそうだ」などの言い切らない表現の場合、用言は「連体形＋것 같다」の形を取ります。様態の表現を使いこなすためには連体形の形をきちんと覚えなければなりません。
- ㄹ語幹用言は、連体形がつくと語幹のㄹが消える場合があります。（ㄹ語幹用言については、246頁参照）

62

名詞＋같다
～みたいだ、～のようだ

歌手みたいです

ここは離して書くんだね！

가수 같아요

基本形	例
名詞＋같다	선생님 **같아요** 先生みたいです 일요일 **같았어요** 日曜日のようでした 호텔 **같은** 집 ホテルのような家

:•: 名詞＋같다は（まるで／おそらく）「～みたいだ」「～のようだ」に当たる表現です。

:•: 名詞の後は1文字あけて書きます。

:•: 같다は形容詞なので、現在連体形は같은です。

Plus+ ONE －하고（－와／과）같다は、「～と同じだ」という意味になります。
例）생각이 저와 **같아요**. 考えが私と同じです

助詞 －는/은を補い、「～は（まるで）～みたいです。～が本当にうまいです」の文を完成させましょう。

① 제 동생 私の弟 / 축구 선수 サッカー選手

⇨ (제 동생은 축구 선수 **같아요.**　　　)

축구를 정말 잘해요.

② 우리 엄마 私の母 / 가수 歌手

⇨ (　　　　　　　　　　　　　　)

노래를 정말 잘해요.

③ 우리 아빠 私の父 / 요리사 コック

⇨ (　　　　　　　　　　　　　　)

요리를 정말 잘해요.

 「～はどんな人ですか」という質問に、「～のような人です」と答えてみましょう。

① A : 아주머니는 어떤 사람이에요?

B : (어머니) 어머니 **같은 사람이에요.**

② A : 여동생은 어떤 사람이에요?

B : (언니) ＿＿＿＿＿＿＿＿＿＿＿＿＿＿

③ A : 오빠는 어떤 사람이에요?

B : (아버지) ＿＿＿＿＿＿＿＿＿＿＿＿＿

④ A : 후배는 어떤 사람이에요?

B : (동생) ＿＿＿＿＿＿＿＿＿＿＿＿＿＿

なるほど…
「～のような」は **같은** か。

63 -는(ㄴ/은) 것 같다
～(し)ているようだ

雪が降っているようです

눈이 오는 것 같아요!

「降るようです」
じゃないの？

まさに
「今降っている」から！

基本形	例	
⑩・⑪の語幹＋는 것 같다	비가 **오는 것 같아요**	雨が降っているようです
	재미있는 것 같아요	面白いようです
㊵・㊞の語幹 ＋ㄴ/은 것 같다	**바쁜 것 같아요**	忙しいようです
	학생인 것 같습니다	学生のようです

- 現在連体形＋것 같다は現在の様子や推量などに使います。
- ㄹ語幹の動詞の場合はㄹが消えて−는 것 같다 (例：만들다 → 만드는 것 같다)、ㄹ語幹の形容詞の場合はㄹが消えて−ㄴ 것 같다 (例：길다 → 긴 것 같다)です。

もう一度
確認！

ㄹ語幹の形容詞はㄹが消えて、ㄴが入ります。
例）ズボンがすこし長いようです：×바지가 좀 길은 것 같아요.
　　　　　　　　　　　　　　○바지가 좀 긴 것 같아요.

63-1 動詞には －는 것 같아요を、形容詞には －ㄴ/은 것 같아요 をつけて天気の様子を伝えてみましょう。

① A : 거기 날씨는 어때요? そちらの天気はどうですか
   B : **바람이 찬 것 같아요.**
      (바람이 차다　風が冷たい)

② A : 거기 날씨는 어때요?
   B : ＿＿＿＿＿＿＿＿＿＿＿＿
      (눈이 오다　雪が降る)

③ A : 거기 날씨는 어때요?
   B : ＿＿＿＿＿＿＿＿＿＿＿＿
      (춥지 않다　寒くない)

④ A : 거기 날씨는 어때요?
   B : ＿＿＿＿＿＿＿＿＿＿＿＿
      (따뜻하다　暖かい)

63-2 －는(ㄴ/은) 것 같아요をつけて、「～ようです」と言ってみましょう。

① 마실 것이 없다　飲むものがない
   ⇨ (마실 것이 없는 것 같아요.　　)

② 바지가 좀 크다　ズボンがすこし大きい
   ⇨ (　　　　　　　　　　　　　)

③ 이 구두가 편하다　この靴が楽だ
   ⇨ (　　　　　　　　　　　　　)

④ 선생님은 바쁘다　先生は忙しい
   ⇨ (　　　　　　　　　　　　　)

なるほど…「～ようです」は
連体形＋것 같다なんだね。

64 ーㄴ/은(았/었던) 것 같다 ～(し)たようだ

雨が降ったようです

비가 온 것 같아요!

これは過去連体形だよね！

基本形	例
動の語幹+ㄴ/은 것 같다	비가 온 것 같다　雨が降ったようだ
存・形・指の語幹+ 았/었던 것 같다	있었던 것 같다　いたようだ 좋았던 것 같다　よかったようだ 형이었던 것 같다　兄だったようだ

- 過去連体形＋것 같다は「～したようだ」という意味です。過去の様子や推量などに使います。
- ㄹ語幹の動詞の場合は、ㄹが消えます。

もう一度
確認！

ㄹ語幹の動詞はㄹが消えて、ㄴが入ります。
例）作ったようです：×만들은 것 같아요.
　　　　　　　　　　　〇만든 것 같아요.

（　　　　）にふさわしいものを選び、−았/었던 것 같아요を
つけて、文を完成させましょう。(試験に失敗した理由を推測してい
ます)

> 나쁘다〈으〉　아프다〈으〉　고프다〈으〉　어렵다〈ㅂ〉

① 날씨가 (　**나빴던 것 같아요.**　　　　　　)
天気が悪かったようです

② 몸이 좀 (　　　　　　　　　　　　)
体の具合がすこし悪かったようです

③ 배가 (　　　　　　　　　　　　　)
お腹が空いていたようです

④ 시험 문제가 (　　　　　　　　　　　　)
試験問題が難しかったようです

64-2 −ㄴ/은 것 같아요をつけて、「〜したようです」と様子を伝
えてみましょう。

① A : 할머니는 나가셨어요?
　B : 네, (　**나가신 것 같아요.**　　　　)

② A : 딸은 일어났어요?
　B : 네, (　　　　　　　　　　　)

③ A : 아들은 아침 먹었어요?
　B : 네, (　　　　　　　　　　　)

④ A : 조카는 시험에 붙었어요?
　B : 네, (　　　　　　　　　　　)
　　　▽시험에 붙다で「試験に受かる」

> なるほど…忘れていた！
> 動詞＋ㄴ/은 は過去連体形だったんだ。

65 ㅡㄹ/을 것 같다
~(し)そうだ

雨が降りそうです

비가 올 것 같아요!

今度は「そうです」なの？

基本形	例
母音語幹＋ㄹ 것 같다	비가 올 것 같아요　雨が降りそうです
子音語幹＋을 것 같다	재미있을 것 같아요　面白そうです
ㄹ語幹（ㄹが消える）＋ㄹ 것 같다	늘 것 같습니다　増えそうです

🔹 未来連体形＋것 같다は今にも起こりそうなことや推量などに使います。

🔹 ㄹ語幹の動詞・形容詞の場合は、ㄹが消えます。

もう一度
確認！

ㄹ語幹の動詞・形容詞はㄹが消えて、未来連体形のㄹが入ります。
例）増えそうです：×늘을 것 같아요.　○늘 것 같아요.
　　　長そうです：　×길을 것 같아요.　○길 것 같아요.

（　　　　）にふさわしいものを選び、-ㄹ/을 것 같아요をつけて、文を完成させましょう。

> 어렵다〈ㅂ〉　늘다　낫지 않다　일어나다

① 감기가 (　낫지 않을 것 같아요.　　)
風邪が治りそうにありません

② 시험이 (　　　　　　　　　　　　)
試験は難しそうです

③ 체중이 (　　　　　　　　　　　　)
体重が増えそうです

④ 아침에 못 (　　　　　　　　　　　)
朝起きられそうにありません

 -ㄹ/을 것 같아요(?)を使って、A「～しそうですか」、B「はい、～しそうです」というやりとりを完成させましょう。

① 시험에 붙다　試験に受かる
　A : 시험에 (　붙을 것 같아요?　　　)
　B : 네, (　붙을 것 같아요.　　　)

② 일을 찾을 수 있다　仕事が見つかる
　A : 일을 (　　　　　　　　　　　)
　B : 네, (　　　　　　　　　　　)

③ 여행은 못 가다　旅行は行けない
　A : 여행은 (　　　　　　　　　　)
　B : 네, (　　　　　　　　　　　)

> なるほど…「できそうにない」は
> 못할 것 같다 か。

5分間の 力だめし!

❖日本語の意味に合うように、正しいものを選んでください。

❶ 주말에는 비가 (오는 / 올) 것 같아요.

週末は雨が降りそうです。

❷ 부장님은 몸이 (안 좋은 / 안 좋을) 것 같아요.

部長は体の具合がよくないようです。

❸ 아버지 (같은 / 같이) 남자와 결혼하고 싶어요.

父のような男性と結婚したいです。

❹ 시험은 좀 (어려웠던 / 어려운) 것 같습니다.

試験はすこし難しかったようです。

❺ A : 이 볼펜은 누구 거예요?

このボールペンは誰のものですか。

B : 마이 씨 (볼펜이는 / 볼펜인) 것 같아요.

舞さんのボールペンのようです。

☞「の」のいろいろ 172 頁参照

▶ 62 ~ 65 の答え

① (오는 / 올)

② (안 좋은 / 안 좋을)

③ (같은 / 같이)

④ (어려웠던 / 어려운)

⑤ (볼펜이는 / 볼펜인)

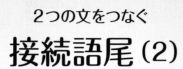

2つの文をつなぐ

接続語尾 (2)

66 -(으) 면
67 -(으) 니까 (1)

❖ -(으) 면 vs -(으) 니까

68 -(으) 니까 (2)

❖ -(으) 니까 vs - 아 / 어서

 学習のポイント

・まだ実現されていない仮定の「-(으)면」と、すでに実現された時
  に使う「-(으)니까 (1)」について学びます。

・話し手の主観的な理由を表す「-(으)니까 (2)」と客観的な理由
  を表す「-아/어서」の違いをしっかり押さえておきましょう。

66 -(으)면

～(すれ)ば、～(し)たら

見たらわかります

보면 알아요

「면」が「たら」？

基本形	例
母音語幹＋면	보다 → 보면　見たら
子音語幹＋으면	먹다 → 먹으면　食べれば
ㄹ語幹＋면	줄다 → 줄면　減ったら

- ✺ -(으)면は「～すれば」「(もし) ～したら」というまだ起こっていないことに使われるのが、特徴です。

- ✺ -(으)면 되다/좋다 (～すればいい) という慣用表現も覚えておくと便利です。

- ✺ 尊敬が入った -(으)시면の形もあわせて覚えましょう。

もう一度
確認!

接続の際ㄹ語幹は母音語幹と同じく、-면がつくことに注意しましょう。

例) 減ったら：×줄으면　○줄면

( ) にふさわしいものを選び、−(으)면をつけて、文を完成させましょう。（お医者さんのセリフです）

> 아프다〈으〉   먹다   줄다   걷다〈ㄷ〉

① 머리가 (**아프면**) 이 약을 드세요.
　　頭が痛ければこの薬を飲んでください

② 약을 (　　　　　) 좀 좋아질 거예요.
　　薬を飲めばすこしよくなるでしょう　▽약을 먹다で「薬を飲む」

③ 매일 1시간 정도 (　　　　　) 어때요?
　　毎日1時間くらい歩いたらどうですか

④ 체중이 (　　　　　) 선물을 드릴게요.
　　体重が減ったらプレゼントを差し上げます

 A「〜すればいいですか（−(으)면 돼요?）」、B「はい、〜なされればいいです（−(으)시면 됩니다）」というやりとりを完成させましょう。

① 여기서 기다리다　ここで待つ
　　A : 여기서 (**기다리면 돼요?**)
　　B : 네, (**기다리시면 됩니다.**)

② 메일을 보내다　メールを送る
　　A : 메일을 (　　　　　　　　　)
　　B : 네, (　　　　　　　　　)

③ 이름을 쓰다　名前を書く
　　A : 이름을 (　　　　　　　　　)
　　B : 네, (　　　　　　　　　)

> なるほど…目上の人には
> −(으)시면 を使うんだね。

67 -(으)니까 (1)

～（する）と、～（し）たら

見たらわかりました

보니까 알았어요

今度は「니까」が
「たら」？

基本形	例	
母音語幹＋니까	뜨다 → 뜨니까	（目を）開けたら
子音語幹＋으니까	감다 → 감으니까	（目を）閉じたら
ㄹ語幹（ㄹが落ちる）＋니까	줄다 → 주니까	減ると

💬 −(으)니까が表す「～したら」には「もし～したら」という仮定の意味は
なく、すでに実現されたことについて使います。

💬 主に「～してみたら～（ということに気づいた）」というパターンで用います。
文末が過去形ならば、−(으)면ではなく−(으)니까になります。

💬 「−(으)니까 어때요？ ～してみてどうですか」という気持ちや感想などを聞
く表現もあります。

もう一度
確認！

すでに起きたことには −(으)면ではなく、−(으)니까を使います。
例）見たら誰もいませんでした：×보면 아무도 없었어요.
　　　　　　　　　　　　　　　○보니까 아무도 없었어요.

下線部を－(으)니까にして、「～したら～でした」という文を作ってみましょう。

① 눈을 <u>떴어요</u>. 12시였어요. ⇨ 눈을 **뜨니까** 12시였어요.
目を開けました。12時でした

② <u>계산했어요</u>. 10만 원이었어요. ⇨
計算しました。10万ウォンでした

③ <u>만나 봤어요</u>. 선배였어요. ⇨
会ってみました。先輩でした

④ <u>눈을 감았어요</u>. 생각났어요. ⇨
目を閉じました。思い出しました

 －(으)니까 어때요を用いて、「～してみてどうですか」という質問を完成させましょう。

① 교토에 오다　京都に来る
A : 교토에 (**오니까 어때요?** 　　　　　)
B : 좋아요.

② 한국어를 공부하다　韓国語を勉強する
A : 한국어를 (　　　　　　　　　　　)
B : 재미있어요.

③ 삼계탕을 먹어 보다　サムゲタンを食べてみる
A : 삼계탕을 (　　　　　　　　　　　)
B : 맛있었어요.

④ 사장님을 만나 보다　社長に会ってみる
A : 사장님을 (　　　　　　　　　　　)
B : 좋은 분이었어요.

 なるほど…「～したら」が －면 なのか －(으)니까 なのか見分けなくちゃ。

-(으)면 vs -(으)니까

　-(으)면も-(으)니까も日本語の「〜たら」に当たりますが、使い分けが必要です。文末が過去形なら常に-(으)니까を使います。「〜たら」に続く表現が、これから起こる事や習慣的に繰り返し起こる事ならば-(으)면を使いますが、「今こういう気分・気持ちだ」という場合は-(으)니까になります。

「たくさん食べたら」は
많이 먹으면? それとも 많이 먹으니까?

たくさん食べたら
太るよ

많이 먹으면
살쪄요.

「太る」のは未来の話なので
-면を使います。

たくさん食べたら
運動してるから大丈夫

많이 먹으면
운동하니까 괜찮아요.

「運動している」という
習慣の話にも면を使います。

ふーん

たくさん食べたら**太った**

ほら見なさい

많이 먹으니까
살쪘어요.

「太った」と過去形なので
－니까を使います。

많이 먹으니까
행복해!

形は「幸せだ」と現在形ですが
すでに幸せになっているので
－니까を使います。

やっぱりたくさん
食べたら**幸せ**！

야채를 많이 먹으면 어때요?
野菜をたくさん食べたらどうですか？

야채를 많이 먹으니까 어때요?
野菜をたくさん食べてみてどうですか？

－(으)면 어때요?は「～たらどうですか」と人に
何かを勧める表現ですが、－(으)니까 어때요?は
「～してみてどうですか」と感想や聞く表現になります。

68 −(으)니까 (2)

〜だから

誕生日だからプレゼントください

생일이니까 선물 주세요

今度は「니까」が
「だから」？

ちょうだい！

基本形	例
母音語幹＋니까	오다 → 오니까　来るから
子音語幹＋으니까	없다 → 없으니까　ないから
ㄹ語幹（ㄹが落ちる）＋니까	멀다 → 머니까　遠いから

- −(으)니까は主観的な理由や原因を表す接続語尾です。文末に命令や勧誘、−ㄹ/을까요? などの表現がつづく場合は −아/어서ではなく、必ずこの −(으)니까が用いられます。

- 理由の −아/어서が過去形とは結合しないのに対して、−(으)니까は −았/었으니까の形も使われます。

もう一度
確認！

「〜だから〜してください」という命令文では必ず −(으)니까が用いられます。　例）時間がないから明日来てください：

×시간이 없어서 내일 오세요.
○시간이 없으니까 내일 오세요.

下線部を −(으)니까 にして、「〜だから〜してください」と
いう文を作ってみましょう。

① 이 가방이 마음에 <u>들어요</u>. 그러니까 사 주세요.
  ⇨ 이 가방이 마음에 드니까 사 주세요.
    このカバンが気に入ったから、買ってください。

② 비가 <u>와요</u>. 그러니까 우산을 가지고 가세요.
  ⇨
    雨が降っているから、傘を持って行ってください。

③ 시간이 <u>없어요</u>. 그러니까 다음에 오세요.
  ⇨
    時間がないから、今度来てください。

 (   )にふさわしいものを選び、−았/었으니까を使って、
文を完成させましょう。

넣다	상하다	없다	끓이다

① 라면을 (   ) 먹어 봐요.
  ラーメンを作ったから食べてみてください

② 계란은 (   ) 버리세요.
  卵は腐っているから、捨ててください

③ 파는 (   ) 안 넣었어요.
  ネギはなかったから入れていません

④ 그 대신 김치를 (   ) 맛있을 거예요.
  その代わりにキムチを入れたからおいしいと思います

> なるほど… −(으)니까 には「〜したら」と
> 「〜だから」のふたつの意味があるのか。

-(으)니까 vs -아/어서

「-(으)니까」と「-아서/어서」はどちらも理由を表しますが、ニュアンスの違いや文法的なルールから使い分けがあります。

「お金が無いから」は

돈이 없으니까? それとも 돈이 없어서?

お金が無いから
歩いて来たの

돈이 없어서
걸어왔어.

お金が無いから
歩いて来た

아서/어서を使うと客観的に
理由を述べている感じになります。

돈이 없으니까
할 수 없잖아.

お金が無いから
仕方がないじゃん

感情的になるとどうしても
니까を使ってしまいます。

遅いよ

お金が無いから
仕方がないじゃん！

돈이 없으니까
사 줘.

お金が無いからおごって

命令や依頼の表現の場合は、
니까を使わなければなりません。

돈이 없으니까
가지 말자.

お金が無いから
やめとこうよ

勧誘表現の場合にも
니까を使います。

돈이 없으니까
그냥 갈게.

お金が無いから
やっぱり帰るわ

意志の表現にも
니까を使います。

5分間の力だめし！

❖ 日本語の意味に合うように、正しいものを選んでください。

❶ 이 문법을 (아면 / 알면) 좀 가르쳐 주세요.
この文法を知っていたらちょっと教えてください。

❷ 야마다 씨가 잘 (아니까 / 알으니까) 물어보세요.
山田さんがよく知っているから、（彼に）聞いてみてください。

❸ 하루 (쉬면 / 쉬니까) 좋아졌어요.
一日休んだらよくなりました。

❹ (배고프면 / 배고프니까) 빨리 밥을 주세요.
お腹（が）空いているから早くご飯をください。

❺ 한국에 (가 보면 / 가 보니까) 어때요?
韓国に行ってみてどうですか。

▶ 66～68 の答え

① (아면 / **알면**)

② (**아니까** / 알으니까)

③ (쉬면 / **쉬니까**)

④ (배고프면 / **배고프니까**)

⑤ (가 보면 / **가 보니까**)

慣用表現 (2)

許容・禁止・義務

69 - 아/어도 되다

70 -(으)면 안 되다

71 - 아/어서는 안 되다

72 - 아/어야 하다/되다

❖「〜(し)てもいい?」のいろいろ

73 - 지 마세요

74 - 지 말고

💎 学習のポイント

・許容・禁止・義務などの慣用表現を学びます。接続の仕方や
意味などをしっかりと押さえておきましょう。

・許可を求める「〜してもいいですか」に当たる表現について考
えてみます。

69 -아/어도 되다
～(し)てもいい

見てもいいです

봐도 돼요

「돼요」は
「なります」?

「いい」って意味も
あるんだよ!

基本形	例
陽母音語幹＋아도 되다	살다 → 살아도 됩니다　暮らしてもいいです
陰母音語幹＋어도 되다	벗다 → 벗어도 돼요　脱いでもいいです
하다用言 → 해도 되다	하다 → 해도 됩니다　してもいいです

- 📍 －아/어도は「～しても、～くても、～であっても」という意味の接続語尾です。

- 📍 －아/어도 되다の되다は좋다や괜찮다に置き換えることもできます。

- 📍 －(으)셔도 되다（～なさってもいい）の形もあわせて覚えましょう。

Plus+
ONE

指定詞이다/아니다には어도の代わりに、라도という形も用います。
意味は同じです。
例）小さい部屋でも構いません：
　　작은 방이어도 괜찮습니다. / 작은 방이라도 괜찮습니다.

69-1 （　　　）にふさわしいものを選び、-아/어도 됩니다を使って、文を完成させましょう。(結婚式の前に決めたいことです)

> 살다　　받다　　하다　　가다

① 부모님과 같이 (살아도 됩니다.　　　)
両親といっしょに暮らしてもいいです

② 결혼식은 교회에서 (　　　　　　　　　)
結婚式は教会でしてもいいです

③ 결혼 반지는 안 (　　　　　　)
結婚の指輪はもらわなくてもいいです

④ 신혼여행은 안 (　　　　　　)
新婚旅行は行かなくてもいいです

69-2 A「〜してもいいですか (-아/어도 돼요?)」、B「はい、〜なさってもいいです (-(으)셔도 괜찮아요)」というやりとりを完成させましょう。

① 뉴스를 보다　ニュースを見る
　A : 뉴스를 (봐도 돼요?　　　　　)
　B : 네, 뉴스를 (보셔도 괜찮아요.　　　)

② 좀 눕다 〈ㅂ〉　すこし横になる
　A : 좀 (　　　　　　　　　)
　B : 네, (　　　　　　　　　)

③ 양말을 벗다　靴下を脱ぐ
　A : 양말을 (　　　　　　　　)
　B : 네, (　　　　　　　　)

> なるほど…目上の人には
> -(으) 셔도 を使うんだね。

70 -(으)면 안 되다

~(し)てはいけない ①

撮ってはいけません

찍으면 안 됩니다

「안 됩니다」は
「なりません」?

「안 되다」は
「いけない」って意味だよ!

基本形	例		
母音語幹+면 안 되다	들어가다 →	들어가면 안 돼요	入ってはいけません
子音語幹+으면 안 되다	먹다 →	먹으면 안 돼요	食べてはいけません
ㄹ語幹+면 안 되다	떠들다 →	떠들면 안 됩니다	騒いではいけません

- 🔸 210頁で学習した -(으)면 の慣用表現です。日本語の直訳は「~したらならない＝~したらいけない」ですが、「~(し)てはいけない」の意味で使われます。

- 🔸 -(으)면 안 돼요?「~してはいけませんか」は、「~してもいいですか」という許可を求める意味で用いられます。

もう一度
確認!

안と되다との間は、1文字あけて分かち書きをしなければなりません。
例）飲んではいけません：×마시면 안돼요.
　　　　　　　　　　　　○마시면 안 돼요.

絵を見て–(으)면 안 됩니다を使って、禁止の文を作ってみましょう。(子どもたちを連れて博物館に行きました)

 ① 안에 들어가다 中に入る

⇨ 안에 **들어가면 안 됩니다.**

② 큰 소리로 떠들다 大声で騒ぐ

⇨

 ③ 사진을 찍다 写真を撮る

⇨

 ④ 자료를 만지다 資料に触る

⇨

 A「〜してもいいですか (–(으)면 안 돼요?)」、B「〜なさってはいけません (–(으)시면 안 됩니다)」というやりとりを作ってみましょう。

① 일을 하다 仕事をする

A : 일을 (하면 안 돼요?)

B : 일은 (하시면 안 됩니다.)

② 고기를 먹다 肉を食べる

A : 고기를 ( )

B : 고기는 ( )

③ 여행을 가다 旅行に行く

A : 여행을 ( )

B : 여행은 ( )

> なるほど…
> **–(으)면 안 돼요?**
> は許可を求める時に
> 使われるんだね。

71

-아/어서는 안 되다
~（し）てはいけない ②

飲んではいけません！

飲んでは…　いけません！

基本形	例	
陽母音語幹＋아서는 안 되다	알다 → 알아서는 안 돼요	知ってはいけません
陰母音語幹＋어서는 안 되다	마시다 → 마셔서는 안 돼요	飲んではいけません
하다用言 → 해서는 안 되다	일하다 → 일해서는 안 돼요	働いてはいけません

- -(으)면 안 되다と似た表現ですが、-아/어서는 안 되다は「（絶対）〜してはいけない」という、もっと強い禁止の表現になります。

- -아/어서는 안 되다は、-(으)면 안 돼요？のように疑問文にして許可を求める表現にすることはできません。（×－아/어서는 안 돼요？）

Plus+
ONE

-아/어서는のは는は話し言葉ではしばしば아/어선に縮約されます。
例）飲んではいけません：○마셔선 안 돼요.（마셔서는 안 돼요）

下線部を −아/어서는 안 됩니다にして、禁止の文を作って
みましょう。

なるほど君の習慣 　　　　　　　　お医者さんの勧告

① 늦게까지 <u>일합니다</u>. 　⇨ 늦게까지 <u>일해서는 안 됩니다</u>.
遅くまで仕事をしています

② 술을 많이 <u>마십니다</u>. 　⇨
お酒をたくさん飲んでいます

③ 스트레스를 <u>쌓아 둡니다</u>.⇨
ストレスをためています

④ 무리해서 <u>운동합니다</u>. 　⇨
無理して運動をしています

 A「〜してはいけませんか（−（으）면 안 돼요?）」、B「絶対に
〜してはいけません（−아/어서는 안 돼요）」というやりと
りを完成させましょう。

① 제가 알다　　私が知る
　A : 제가 (**알면 안 돼요?**　　　　　)
　B : 절대로 (**알아서는 안 돼요.**　　　)

② 게임을 하다　　ゲームをする
　A : 게임을 (　　　　　　　　　　)
　B : 절대로 (　　　　　　　　　　)

③ 담배를 피우다　　タバコを吸う
　A : 담배를 (　　　　　　　　　)
　B : 절대로 (　　　　　　　　　)

なるほど… 아/어서는 안 돼요は
疑問文では使えないんだね。

72 −아/어야 하다/되다

〜(し)なければならない

運動しなければなりません

운동해야 돼요

「야」って何？

基本形	例
陽母音語幹＋아야 하다/되다	보다 → 봐야 해요　見なければなりません
陰母音語幹＋어야 하다/되다	입다 → 입어야 해요　着なければなりません
하다用言 → 해야 하다/되다	일하다 → 일해야 해요　働かなければなりません

🐾 −아/어야は、「〜して初めて、〜してこそ、〜しなければ（〜ない）」という
強い条件を表す接続語尾です。−아/어야の後に하다か되다をつけると「〜
しなければならない」という慣用表現になります。

🐾 −아/어야 하다/되다は、−지 않으면 안 되다に置き換えることができ
ます。−지 않으면 안 되다の方がより硬い感じで、書き言葉で使われます。

🐾 −(으)셔야 하다/되다は、「〜なさらなければならない」という意味です。

もう一度
確認！

−아/어야 해요は、−지 않으면 안 되다（〜しないとだめです＝〜し
なければいけません）と同じ意味です。
例）가야 돼요. ＝ 가지 않으면 안 돼요.
　　行かないとだめです ＝ 行かなければなりません

（　　　　）にふさわしいものを選び、−아/어야 해요を使って、「〜しなければならない」という文を完成させましょう。(年末までにやらなければならないことです)

> 만들다　　청소하다　　쓰다〈으〉　　찾다

① 돈을 (**찾아야 해요.** 　　　　　　)
お金を下ろさなければなりません

② 연하장을 (　　　　　　　　　　)
年賀状を作らなければなりません

③ 자기 방을 (　　　　　　　　　　)
自分の部屋を掃除しなければなりません

④ 리포트를 하나 (　　　　　　　　)
レポートを一つ書かなければなりません

 A「〜しなければならないんですか (−아/어야 돼요?)」、B「〜なさらなければなりません (−(으)셔야 돼요)」といううやりとりを完成させましょう。

① 면접을 보다　面接を受ける
　A : 면접을 (**봐야 돼요?** 　　　　　)
　B : 네, 면접을 (**보셔야 돼요.** 　　　)

② 양복을 입다　スーツを着る
　A : 양복을 (　　　　　　　　　　)
　B : 네, 양복을 (　　　　　　　　)

③ 자기소개서를 쓰다〈으〉　自己紹介書を書く
　A : 자기소개서를 (　　　　　　　)
　B : 네, 자기소개서를 (　　　　　)

> なるほど… 目上の人には
> −(으)셔야 돼요 と言うんだね。

「～(し)てもいい?」のいろいろ

　許可を求める「～してもいいですか」に当たる韓国語表現は「-아/어도　돼요?」以外にもいくつかあります。

入ってもいいですか

들어가도 돼요?
入ってもいいですか

一番ストレートな言い方です。

これ、食べてもいいですか

먹으면 안 돼요?
食べてもいいですか

直訳は「食べてはいけませんか」ですが、「食べてもいいですか」の意味で使われます。
すこし相手に気を使った感じの表現です。

빌리면 안 될까요?

借りてもいいですか

直訳は「借りたらだめでしょうか」ですが、「借りてもいいですか」の
意味で使われます。さらに遠慮した感じの言い方になります。

빌릴 수 있어요?

借りていいですか

直訳は「借りることができますか」ですが、
「〜してもいいですか」の意味で
用いられることもあります。

73 -지 마세요

～（し）ないでください

飲まないでください

마시지 마세요

「지 않다」の
「지」と同じ？

みたいだね…

基本形	例
語幹+지 마세요	가다 → 가지 마세요　行かないでください 잊다 → 잊지 마세요　忘れないでください 울다 → 울지 마세요　泣かないでください

🐾 -지 말다に 세요 がついた慣用表現です。말다は ㄹ 語幹なので、ㄹ が消えて 마세요の形になっています。

🐾 합니다体の「-지 마십시오」という表現も覚えておきましょう。

もう一度
確認！

-지 않다も -지 말다も「～しない」という意味ですが、使い方は異なります。禁止の表現では -지 말다を使わなければなりません。
例）飲まないでください：○마시지 마세요.
　　　　　　　　　　　　×마시지 않으세요.（お飲みになりません）

( ) にふさわしいものを選び、−지 마세요を使って、文を完成させましょう。

> 잊다　　세우다　　피우다　　울다

① 駐車禁止の区域に車を停めた人に

여기에 차를 (세우지 마세요.)

② 禁煙区域でタバコを吸っている人に

여기서 담배를 ( )

③ 忘れん坊の友達に

약속 시간 ( )

④ 泣いている人に

이제 괜찮아요. ( )

 A「〜してもいいですか (−아/어도 돼요?)」、B「〜しないでください (−지 마세요)」というやりとりを完成させましょう。

① 전화를 걸다　電話をかける

A : 전화를 (걸어도 돼요?)

B : (걸지 마세요.)

② 이유를 설명하다　理由を説明する

A : 이유를 ( )

B : ( )

③ 손을 잡다　手を握る

A : 손을 ( )

B : ( )

> なるほど…「しないでください」に
> **않다** は使わないんだね。

74 -지 말고

～（し）ないで、～せずに

寝ていないで、起きてよ

자지 말고 일어나요

「寝るな」ってことだね！

基本形	例
語幹+지 말고	일하다 → 일하지 말고　働かずに 늦다 → 늦지 말고　遅れないで

- -지 말다에 고がついた「～しないで、～せずに」という意味の慣用表現です。 -지 말고の後は命令や勧誘などの表現がつづきます。

- -지 않고も「～しないで、～せずに」という意味ですが、-지 말고と違って 「～するな」という禁止の意味はありません。

- 말고は名詞とともにA 말고 B（AではなくてB）という形でも用います。 例）커피 말고 주스 주세요.　コーヒーではなくジュースください

もう一度 確認！

-지 않고も -지 말고も「～しないで、～せずに」という意味ですが、使い分けがあります。禁止の表現では -지 말고を使います。 例）コーヒーを飲まないでジュースを飲んでください

（＝コーヒーは飲むな）：○ 커피를 마시지 말고 주스를 드세요. × 커피를 마시지 않고 주스를 드세요.

74-1 正しい方に○をつけてみましょう。

① 아침도 먹지 (않고 / 말고) 나갔어요.
朝ごはんも食べずに出て行きました

② 빵을 먹지 (않고 / 말고) 밥을 먹는 게 좋아요.
パンを食べずにご飯を食べた方がいいですよ

③ 일도 하지 (않고 / 말고) 돈을 받을 수는 없어요.
仕事もしないでお金を受け取るわけにはいきません

④ 일은 하지 (않고 / 말고) 이제 쉬세요.
仕事はしないでもう休んでください

 74-2 与えられた語句を用いて、「～しないで～してください (-지 말고 -(으)세요)」という文を作ってみましょう。

① 늦다 / 일찍 오다　遅れる / 早く来る

⇨ **늦지 말고 일찍 오세요.**

② 걱정하다 / 쉬다　心配する / 休む
⇨

③ 전화를 끊다 / 기다리다　電話を切る / 待つ
⇨

④ 빨래하다 / 그냥 두다　洗濯する / そのまま置く
⇨

なるほど… -지 않고と禁止の
-지 말고は使い分けが必要なんだね。

❖ 日本語の意味に合うように、正しいものを選んでください。

❶ 여기서는 담배를 (피우면 / 피워도) 안 됩니다.

ここではタバコを吸ってはいけません。

❷ 숙제는 언제까지 (내면 / 내도) 돼요?

宿題はいつまでに出せばいいですか。

❸ 이번 주까지 (제출해도 / 제출해야) 돼요.

今週までに提出しなければなりません。

❹ 다음 주에 (내서는 / 내면) 안 돼요?

来週提出してもいいですか。

❺ 전철 바닥에 앉지 (마세요 / 않으세요)

電車の床に座らないでください。

▶ 69〜74 の答え

① (피우면 / 피워도)

② (내면 / 내도)

③ (제출해도 / 제출해야)

④ (내서는 / 내면)

⑤ (마세요 / 않으세요)

해体：パンマル

75 -아 / 어 (?)
76 指定詞の不規則な形
77 -(으) 셔 (?)

❖ 해体 (パンマル) はいつ使う？
❖ ㄹ語幹のおさらい

📦 学習のポイント

・丁寧でない 해体 (반말、ためぐち言葉) を学びます。作り方は
　簡単で 해요体から요を取るだけです。
・指定詞は不規則な形を取るため、例外として覚えなければなり
　ません。
・해요体と同様、文脈やイントネーションによって平叙文 (↘)、
　疑問文 (↗)、勧誘 (→)、命令 (↓) を使い分けることができます。
　日常会話で広く使われます。

75 아/어(?)

～する(?) 해체 〈1〉

わかる？

「요」が無い…

알아?

基本形	例
陽母音 (ㅏ, ㅑ, ㅗ) 語幹＋아(?)	알다　→　알아? わかる?
陰母音 (ㅏ, ㅑ, ㅗ 以外) 語幹＋어(?)	싫다　→　싫어 嫌だ
하다用言 하＋여→ 해(?)	공부하다 → 공부해 勉強している

- －아/어(?)는 해체の語尾です。作り方は해요体から요を取った形です。
- 해체はパンマル（ため口）の文体で、日常会話において友達や恋人、家族など親しい間柄で用いられます。子どもが親に、年の近い後輩・先輩同士でも使えます。
- 해요体と同様、文脈やイントネーションによって平叙文（↘）、疑問文（↗）、勧誘（→）、命令（↓）を使い分けることができます。

Plus+ ONE　今まで学んだ－ㄹ/을게요、－ㄹ/을래요(?)、－ㄹ/을까요? も요を取るとパンマルになります。

例）ご飯を食べようか：밥을 먹을까?

次の会話の**해요**体を**해**体になおしてみましょう。
(若い夫婦の会話です)

> A : 몇 시에 (① 와요? → 와?　　　　　　)
>
> B : 오늘은 좀 (② 늦을 것 같아요 →　　　　　　　)
>
> A : (③ 그래요? →　　　　　　　　　)
>
> 　그럼, 저녁 (④ 먹고 와요? →　　　　　　　)
>
> B : 아니, 집에 가서 (⑤ 먹을게요 →　　　　　　)
>
> A : (⑥ 알았어요 →　　　　　　　　　)

75-2　A「～しようか (ーㄹ/을까?)」、B「やだ、～しない (안 ー아/어)」というやりとりを完成させましょう。(お母さんと子どもとの日常風景です)

① 양말을 벗다　靴下を脱ぐ
　A : 양말을 (**벗을까?**)
　B : 싫어. (**안 벗어.**)

② 야채주스를 먹다　野菜ジュースを飲む
　A : 야채주스를 (　　　　　　)
　B : 싫어. (　　　　　　)

③ 그림 책을 보다　絵本を見る
　A : 그림 책을 (　　　　　　)
　B : 싫어. (　　　　　　)

> なるほど…
> **해요**体から**요**を取るだけで
> **해**体になるんだね。

76 指定詞の不規則な形

~だよ、~なの？　~じゃない（?）　해体〈2〉

誰なの？

「누구예?」じゃないの？

누구야?

基本形	例
이다 ~である	**(이)야(?)** ~だよ、~なの?
母音終わりの名詞＋야(?)	누구야? 誰なの?
子音終わりの名詞＋이야(?)	형이야 兄ちゃんだよ
(-가/이) 아니다 ~ではない、違う	**내가 아니야(?)** ぼくじゃない (?)

- 指定詞이다/아니다の해体は不規則な形になります。
- 母音終わりの名詞には、누구야?のように指定詞の語幹「이」が省略されます。
- すでに学習した -ㄹ/을 것이다（192頁）、-는 것이다（170頁）の것이다の해体は、것이야もしくは거야になります。

もう一度確認！

해体という名前は、하다（する）をこの文体に活用させてつけたものです。語幹에 해をつけても해体にはなりません。
例）아니다の해体「違う」：×아니해　○아니야

76-1 －(이)야を用いて、対話文を完成させましょう。
(家族写真を見ながら友達に説明しています).

A : 어느 분이 이모야?
B : (① 이분 → 이분이야.　　　)
A : 그래? 너희 엄마하고 얼굴이 똑같아.
　　너는 어디 있어?
B : 이게 (② 나 → 　　　　　)
A : 정말? 그럼, 이쪽이 너희 형?
B : 우리 형이 (③ 아니다 → 　　　　)
A : 그럼, 누구야?
B : 우리 (④ 삼촌 → 　　　　)

76-2 해체를 使って、A「〜なの？(－(이)야?)」、B「〜じゃない
(－가/이 아니야)」というやりとりを完成させましょう。

① 돼지고기 豚肉　　　　A : (돼지고기야?)
　　　　　　　　　　　　B : 아니, (돼지고기가 아니야.)

② 김치찌개 キムチチゲ　　A : (　　　　　　)
　　　　　　　　　　　　B : 아니, (　　　　　　　)

③ 김칫국 キムチのスープ　A : (　　　　　　)
　　　　　　　　　　　　B : 아니, (　　　　　　　)

④ 냉면 冷麺　　　　　　A : (　　　　　　)
　　　　　　　　　　　　B : 아니, (　　　　　　　)

なるほど…
指定詞は해요体から
요を取るだけではないんだね。

77

-(으)셔(?)

～されるよ、～されるの？　해体〈3〉

読んでいらっしゃるの？

「읽으세？」じゃないんだ

읽으셔？

基本形	例
母音語幹＋셔(?)	바쁘다　→　바쁘셔?　お忙しい?
子音語幹＋으셔(?)	읽다　→　읽으셔?　読んでいらっしゃるの?
ㄹ語幹（ㄹが消える）＋셔(?)	알다　→　아셔　　ご存じだよ

- -(으)셔(?)は尊敬を表す-(으)시に、해体の-어がついた形です。話し言葉でため口を使う親しい人を相手に、敬語を使うべき目上の人について話す場面で使います。

- 해요体と同様、文脈やイントネーションによって平叙文（↘）、疑問文（↗）、勧誘（→）、命令（↓）を使い分けることができます。

- ㄹ語幹はㄹが消えて、-셔(?)がつきます。

> **もう一度確認！**
> -셔をつけると、ㄹ語幹のㄹパッチムが消えます。
> 例）ご存じだよ：×알으셔　　○아셔

77-1 （ ）にふさわしいものを選び、−(으)셔(?) を使って、文を完成させましょう。（おばあさんやおじいさんのことを聞いています）

> 읽다　　드시다　　오다　　하다

① 할머니는 언제 （ **오셔?** ）

おばあさんはいつ来られるの？

② 할아버지는 뭐 （　　　　　　　　）

おじいさんは何をしていらっしゃるの？

③ 할머니는 요즘에도 매일 신문을 （　　　　　　　　）

おばあさんは最近も毎日新聞を読んでいらっしゃるの？

④ 할아버지는 요즘에도 술을 많이 （　　　　　　　　）

おじいさんは最近もたくさんお酒を飲んでいらっしゃるの？

77-2 A「〜されるの？（−(으)셔?)」、B「うん、〜する（−아/어)」
というやりとりを完成させましょう。（親しい先輩に声をかけています）

① 허리는 괜찮다　*腰は大丈夫だ*
　A : 허리는 （ **괜찮으셔?** ）
　B : 응, （ **괜찮아.** ）

② 주말에 안 바쁘다〈으〉　*週末忙しくない*
　A : 주말에 （　　　　　　）
　B : 응, （　　　　　　）

③ 일이 재미없다　*仕事が面白くない*
　A : 일이 （　　　　　　　）
　B : 응, （　　　　　　）

> なるほど…敬語の入った
> ため口というのもあるのか…

해体(パンマル)はいつ使う？

해体は日本語の丁寧ではない話し言葉、いわゆるため口と同じような文体ですが、詳しく見ると日韓で使い方が異なる場合もあるようです。

> 宿題やった？

숙제 했어?
宿題やった？

友達同士では日本語と
同じくため口＝パンマルを
使います。

어디 계셔?
どこにいるの？

家族同士でも日本と同じく
パンマルをよく使います。

> おばあちゃん、
> どこにいるの？

君は大きくなったら
何になりたいですか？

뭐가 되고 싶어?

何になりたいですか

子どもには基本的にパンマルで話しかけます。

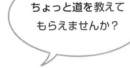

ちょっと道を教えて
もらえませんか？

가르쳐 줄래?

教えてもらえませんか

お年寄りが下の世代の人と話す時は、
たとえ知らない人であっても、
パンマルを使うのが基本です。

お宅の息子さんはもう
進学先決まったの？

결정됐어요?

決まったの？

大人になってからの友達には
パンマルを使わないのが普通です。

ㄹ語幹のおさらい

ㄹパッチムはいつ消える？

　これまでいろいろな活用を習ってきて、ㄹ語幹は難しいなと感じている人はきっと多いと思います。語幹の後ろに何をつけるかによってㄹが消えたり消えなかったりするからです。実は、語幹の直後にどの音が来るかによって消えるか消えないかが決まっています。ㄹ語幹の活用を間違えないためには、次の２つのルールをしっかり覚えておかなければなりません。

1. ㄹ語幹は母音語幹と同じ扱いをする
2. ㄹ語幹の直後にㅂ、ㅅ、ㄴとㄹパッチムが来るとㄹが消える

ㄹ語幹＋ㅂ

ㅂ始まりの既習項目

－ㅂ니다
－ㅂ시다

ㄹ語幹＋ㅅ

ㅅ始まりの既習項目

－십니다
－세요
－셨
－시겠어요？
－셔(?)

ㄹ語幹＋ㄴ

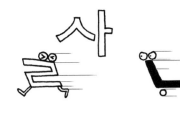

ㄴ始まりの既習項目

-는, -는 게 좋다

-ㄴ, -ㄴ 적이 있다/없다

-ㄴ 뒤에 -는/ㄴ 것이다

-는/ㄴ 것 같다

-니까

ㄹ語幹＋ㄹパッチム

ㄹパッチム始まりの既習項目

-ㄹ게요, -ㄹ래요?, -ㄹ까요?

-ㄹ, -ㄹ 것이다

-ㄹ 수 있다/없다

-ㄹ 것 같다

ㄹ語幹＋その他の音（ㄱ, ㄷ, ㄹ, ㅁ, ㅇ, ㅈ…）

ㄹが消えない既習項目

-아/어요 , -았/었-

-지 않다

-고

-면

-아/어 etc.

❖日本語の意味に合うように、正しいものを選んでください。

❶ 회사에 (안 갈 거예 / 안 갈 거야)?
会社に行かないつもりなの？
☞ –ㄹ/을 것이다については、192頁参照。

❷ 오늘은 회사에 가는 날이 (아니야 / 아니에).
今日は会社に行く日じゃないの。

❸ 지금 (뭐해 / 뭐하)?
今何しているの？

❹ 할아버지는 지금 (주무셔 / 주무세).
おじいさんは今お休みなの。

❺ 내가 유학 가는 거, 할아버지도 (알으셔 / 아셔)?
私が留学に行くこと、おじいさんもご存じ？

▶ 75 ～ 77 の答え
① (안 갈 거예 / 안 갈 거야)?
② (아니야 / 아니에)
③ (뭐해 / 뭐하)?
④ (주무셔 / 주무세)
⑤ (알으셔 / 아셔)?

付録

（　　　　）に入れるのに最も適切なものを①～④の中から1つ選びなさい。

1.　그건 사랑이 (　　　　　　).
　　① 아니예요　　② 아니에요　　③ 아녀요　　④ 아니해요

2.　언니는 저보다 머리가 (　　　　　　).
　　① 길습니다　　② 깁니다　　③ 기습니다　　④ 기니다

3.　이달 말로 가게 문을 (　　　　　　).
　　① 닫니다　　② 달습니다　　③ 달아요　　④ 닫아요

4.　이제 케이크를 먹어도 (　　　　　　)?
　　① 돼요　　② 되요　　③ 되습니다　　④ 됩니다

5.　고등학교에서 영어를 (　　　　　　).
　　① 가르쳐요　　② 가르체요　　③ 갈라쳐요　　④ 갈라치요

6.　오빠가 다음 달에 (　　　　　　).
　　① 결혼습니다　　② 결혼하습니다　　③ 결혼하요　　④ 결혼해요

7.　다음 주는 좀 (　　　　　　).
　　① 바쁘습니다　　② 바뿝니다　　③ 바쁘아요　　④ 바쁘어요

8.　어제도 한국어를 (　　　　　　).
　　① 공부합니다　　② 공부했습니다　　③ 공부했어요　　④ 공부았어요

9.　A：나도 저 가방 사고 싶어요.
　　B：난 벌써 (　　　　　　).
　　① 사고 싶어요　　② 샀어요　　③ 살게요　　④ 살까요

10.　A：숙제했어요?
　　B：아뇨, 아르바이트 때문에 (　　　　　　).
　　① 못 갔어요　　② 못 가요　　③ 못해요　　④ 못했어요

➡ 解答・解説

1. ②

　日本語訳 それは愛では（ありません）。

　point 「〜ではありません」は -가/이 아니에요です。（⇒ 42 頁）

2. ②

　日本語訳 姉は私より髪が（長いです）。

　point ㄹ語幹のハムニダ体は、ㄹが落ちて-ㅂ니다をつけます。（⇒ 18 頁）

3. ④

　日本語訳 今月末で店を（閉めます）。

　point 문을 닫다で「店を閉める」。닫다は正則用言です。

4. ①

　日本語訳 もうケーキを食べても（いいですか）。

　point 아/어도 되다で「〜してもよい」。④の됩니다は平叙形なので誤答です。

5. ①

　日本語訳 高校で英語を（教えています）。

　point 「教える」の辞書形は가르치다でㄹ変則用言ではありません。

6. ④

　日本語訳 お兄さんが来月（結婚します）。

　point 결혼하다は하다用言なので、ヘヨ体は결혼해요になります。ハムニダ体なら결혼합니다です。

7. ②

　日本語訳 来週は少し（忙しいです）。

　point 「忙しい」の바쁘다は으変則用言ですが、母音終わりの母音語幹なので바쁘습니다ではなく、바쁩니다が正解です。

8. ③

　日本語訳 昨日も韓国語を（勉強しました）。

　point 공부하다は하다用言なので、過去形は공부했어요です。

9. ②

　日本語訳 Ａ：私もあのカバン、買いたいです。　Ｂ：私はすでに（買いました）。

　point 벌써（すでに）があるので過去形の②が正解です。

10. ④

　日本語訳 Ａ：宿題しましたか？　Ｂ：いいえ、バイトのために（できませんでした）。

　point 「宿題、しましたか？」と聞いているので過去形の④が正解です。

（　　　　）に入れるのに最も適切なものを①〜④の中から1つ選びなさい。

1. 중학생 때는 동생보다 제가 더 키가 (　　　　　　　).
   ① 컸어요　　　　② 컸어요　　　　③ 커요　　　　④ 크습니다

2. 감기는 다 (　　　　　　). 이제 괜찮아요.
   ① 낫았어요　　　② 났어요　　　　③ 나었어요　　　④ 나았어요

3. 여기에 전화번호를 (　　　　　　) 주시겠어요?
   ① 쓰고　　　　　② 쓰　　　　　　③ 써 받아　　　④ 써

4. 강물은 (　　　　　　　) 바다로 갑니다.
   ① 흐르서　　　　② 흘라서　　　　③ 흘러서　　　④ 흘렀어서

5. 발음이 안 좋아서 못 (　　　　　　).
   ① 알아듣었어요　② 알아들았어요　③ 알아들었어요　④ 알아드렀어요

下線部の基本形（辞書形）として正しいものを、①〜④の中から1つ選びなさい。

6. 오늘은 너무 <u>더워요</u>. 35도쯤 되겠어요.
   ① 덥다　　　　　② 덥우다　　　　③ 더우다　　　　④ 더워다

7. 텔레비전 좀 <u>꺼</u> 주세요.
   ① 꺼다　　　　　② 꺼어다　　　　③ 끄어다　　　　④ 끄다

8. 서울은 택시보다 지하철이 더 <u>빨라요</u>.
   ① 빨라다　　　　② 빠르다　　　　③ 빨르다　　　　④ 빠라다

9. 고양이 이름을 제가 <u>지어도</u> 될까요?
   ① 지으다　　　　② 짖다　　　　　③ 짓다　　　　　④ 지다

10. 매일 30분씩 <u>걸으세요</u>.
    ① 걷다　　　　　② 걷으다　　　　③ 걸으다　　　　④ 걸다

➡ 解答・解説

1. ①

日本語訳　中学生のときは弟より私のほうがもっと背が（高かったです）。

point 「背が高い」は키가 크다といいます。크다は으変則用言なので①컸어요が正解です。（⇒ 92 頁）

2. ④

日本語訳　風邪はすっかり（治りました）。もう大丈夫です。

point 낫다はㅅ変則用言なので④나았어요が正解です。（⇒ 98 頁）

3. ④

日本語訳　ここに電話番号を（書いて）いただけますか？

point 「～していただけますか」は -아/어 주시겠어요で表現します。「書く」の쓰다は으変則用言です。

4. ③

日本語訳　川の水は（流れて）海へ向かいます。

point 「流れる」の흐르다は르変則用言で、흐르＋어서→흘러서になります。

5. ③

日本語訳　発音が悪くて（聞き取れませんでした）。

point 「聞き取る」「聞いてわかる」の알아듣다はㄷ変則用言です。

6. ①

日本語訳　今日はとても暑いです。35 度くらいになりそうです。

point 下線部を見て더우다/더워다を選んだ方がいるかもしれませんが、辞書形はㅂ変則用言の덥다です。

7. ④

日本語訳　テレビをちょっと消してください。

point 「消す」の끄다は으変則用言で、끄＋어→꺼になったわけです。

8. ②

日本語訳　ソウルはタクシーより地下鉄のほうがもっと早いです。

point 「速い・早い」の빠르다は르変則用言で、빠르＋아요→빨라요になります。

9. ③

日本語訳　猫の名前を私がつけてもいいですか？

point 「名前をつける」は이름을 짓다といいます。짓다はㅅ変則用言です。

10. ①

日本語訳　毎日 30 分ずつ歩いてください。

point 「歩く」の걷다はㄷ変則用言です。

（　　　　）に入れるのに最も適切なものを①〜④の中から1つ選びなさい。

1. 이 사과는 좀 (　　　　　　　) 정말 맛있어요.
   ① 비싸고　　　　② 비싸서　　　　③ 비싸지만　　　④ 비싸면

2. 어떻게 알았어요? 사전을 (　　　　　　　) 알았어요?
   ① 보고　　　　　② 봐서　　　　　③ 보니까　　　　④ 보면

3. 선생님을 (　　　　　　) 발음해 보세요.
   ① 딸랐고　　　　② 따라서　　　　③ 따르니까　　　④ 따르면

4. 지금 비가 (　　　　　) 제 우산을 가져가세요.
   ① 오고　　　　　② 와서　　　　　③ 오니까　　　　④ 오면

5. 뒤에 (　　　　　) 잘 안 보일 거예요.
   ① 앉고　　　　　② 앉아서　　　　③ 앉으니까　　　④ 앉으면

6. 잠이 안 오니까 다시 (　　　　　) 영화를 봤어요.
   ① 일어나고　　　② 일어나서　　　③ 일어나니까　④ 일어나면

7. 그러니까 택시를 (　　　　　) 오세요.
   ① 타고　　　　　② 타서　　　　　③ 타니까　　　　④ 타면

8. 합격 발표는 다음 주예요. 이번에는 (　　　　　　) 것 같아요.
   ① 붙는　　　　　② 붙은　　　　　③ 붙던　　　　　④ 붙을

9. 이 번역, 모레까지 (　　　　　) 수 있어요?
   ① 해 드리는　　②해 드릴　　　　③ 해 주는　　　④ 해 줄

10. A : 제가 알면 안 돼요?
    B : 네. 절대로 (　　　　　) 안 됩니다.
    ① 알아서는　　② 알아서　　　　③ 아니까　　　　④ 알고

➡ 解答・解説

1. ③

　日本語訳 このリンゴは少し（高いけど）本当においしいです。

　point 逆接の「〜けれど、〜が（しかし）」は -지만を用います。（⇒ 128 頁）

2. ①

　日本語訳 どうやって知ったんですが？ 辞書を（見て）知ったんですか。

　point 「〜して知る」の「〜して」は並列の -고を用います。（⇒ 125 頁）

3. ②

　日本語訳 先生に（ついて）発音してみてください。

　point 따르다は「従う」「（お酒を）つぐ」に当たる動詞で、르変則用言ではなく으変則用言です。「〜について発音する」の「〜について」は -를/을 따라서（따르＋아서）です。

4. ③

　日本語訳 今雨が（降っているから）私の傘を持っていってください。

　point 「〜だから〜してください」の文では -(으)니까 が使われます。（⇒ 216 頁）

5. ④

　日本語訳 後ろに（座ると）よく見えないでしょう。

　point 仮定の④앉으면が正解です。 ③앉으니까ならその後には잘 안 보여요もしくは잘 안 보였어요が続くでしょう。

6. ②

　日本語訳 眠れなくて、また（起きて）映画を観ました。

　point 「自動詞＋〜して」は -아/어서を用います。（⇒ 134 頁）

7. ①

　日本語訳 だからタクシーに（乗って）きてください。

　point 「〜していく/くる」は -고 가다/오다で表現します。（⇒ 126 頁）

8. ④

　日本語訳 合格発表は来週です。 今回は（合格し）そうです。

　point 「〜しそうだ」は -ㄹ/을 것 같다で表現します。（⇒ 206 頁）

9. ④

　日本語訳 この翻訳、あさってまでに（やってくれ）ますか？

　point 「〜やってくれる」は -아/어 줄 수 있다で表現します。

10. ①

　日本語訳 A：私が知ったらだめですか？ B：ええ。絶対（知っては）いけません。

　point 「〜してはいけない」は -아/어서는 안 되다です。

（　　　）に入れるのに最も適切なものを①〜④の中から1つ選びなさい。

1. 이건 내일 (　　　　　) 빵이에요. 먹으면 안 돼요.
　　① 먹는　　　　② 먹은　　　　③ 먹을　　　　④ 먹던

2. 저분, 엄마가 (　　　　　) 사람이 아니에요?
　　① 아는　　　　② 안　　　　③ 알　　　　④ 알던

3. 오늘은 (　　　　　) 한국 요리라도 먹으러 갈래요?
　　① 맛있는　　　② 맛있은　　　③ 맛있을　　　④ 맛있던

4. 그때 친구들과 재미있게 (　　　　　) 기억이 있어요.
　　① 노는　　　　② 놀는　　　　③ 놀은　　　　④ 논

5. 옆집 사람은 30년간 (　　　　　) 집을 팔고 이사 갔어요.
　　① 사는　　　　② 산　　　　③ 살던　　　　④ 살

6. 와, 예쁘다! 이것도 할머니가 (　　　　　) 거예요?
　　① 만드시는　　② 만드셨던　　③ 만드신　　④ 만드실

7. 집을 (　　　　　) 전철을 타러 역까지 뛰어갔어요.
　　① 나오고　　　② 나와서　　　③ 나오니까　　④ 나오면

8. 혹시 주말에 시간이 (　　　　　) 영화라도 볼래요?
　　① 있고　　　　② 있어서　　　③ 있으니까　　④ 있으면

9. 수민 씨가 노란색 티셔츠를 (　　　　　) 정말 멋있네요.
　　① 입고　　　　② 입어서　　　③ 입으니까　　④ 입으면

10. 하늘을 (　　　　　) 눈이 올 것 같아요.
　　① 보고　　　　② 봐서　　　③ 보니까　　④ 보면

→ 解答・解説

1. ③

   日本語訳 これは明日（食べる）パンです。食べてはいけません。

   point 「明日食べるパン」のことなので未来連体形 -ㄹ/을を用いた③が正解です。

2. ①

   日本語訳 あの方、お母さんの（知っている）人（知り合い）ではありませんか？

   point ㄹ語幹の場合、ㄹが落ちて動詞の現在連体形 -는を付けます。（⇒ 164 頁）

3. ①

   日本語訳 今日は（おいしい）韓国料理でも食べに行きませんか？

   point 맛있다/맛없다のように、-있다/없다がついている単語は形容詞ではなく存在詞なので①맛있는が正解です。

4. ④

   日本語訳 あのとき友人たちと楽しく（遊んだ）記憶があります。

   point 「遊ぶ」の놀다はㄹ語幹です。「あのとき」「記憶」のことから過去連体形を用いた④던が正解です。ㄹ語幹については、246 頁を参照してください。

5. ③

   日本語訳 お隣の人は 30 年間（住んでいた）家を売って引っ越しをしました。

   point 「30 年間住んでいた家」のことなので、③살던が正解です。（⇒ 184 頁）

6. ③

   日本語訳 わぁ、かわいい！ これもおばあさんが（お作りになった）んですか？

7. ②

   日本語訳 家を（出て）電車に乗るために駅まで走っていきました。

   point 「自動詞＋〜して」は -아/어서を用います。（⇒ 134 頁）

8. ④

   日本語訳 もし週末に時間が（あれば）映画でも見ませんか？

   point 혹시（もし）があるので、仮定の④있으면が正解です。-ㄹ/을래요？は「〜しますか？」という意味ですが、日本語の「〜しませんか」のニュアンスでよく使われます。

9. ③

   日本語訳 スミンさんが黄色いTシャツを（着ると）本当に素敵ですね。

   point すでに素敵になっているので -(으)니까を用いた③が正解です。

10. ③

    日本語訳 空を（見たら）雪が降りそうですね。

    point 空を見て話しているので、③보니까が正解です。

1-1 ①봅니다 ②마십니다
③바쁩니다 ④큽니다

1-2 ①오다 ②타다 ③이다 ④아프다

point 時々②탑다や③입다のような間違いを見かけます。パッチムのㅂも합니다体の語尾の一部なので、取り外さなければなりません。합니다体の語尾は−니다ではなく、−ㅂ니다です。

2-1 ①입습니다 ②받습니다
③맛있습니다 ④있습니다

2-2 ①벗다 ②듣다 ③없다 ④좋다

point 元が母音語幹ならば②の答えは듣스다になるんじゃないかと考える人がいるかもしれません。でも実際には−스다という用言がないので、−습니다という活用形を見たら必ず子音語幹＋습니다だと考えてください。

3-1 ①삽니다 ②압니다
③만듭니다 ④깁니다

3-2 ①멀다 ②열다 ③사다 ④팔다

point 実は④も2通りの解答があります。③と同様母音語幹用言の파다（掘る）も④の解答になりえますが、初級レベルの語彙ではないので、ここでは紹介しませんでした。

4-1 ①母 ②ㄹ ③子 ④母 ⑤母 ⑥子

4-2 ①읽습니까? 네, 읽습니다.
②시작합니까? 네, 시작합니다.
③멉니까? 네, 멉니다.
④바쁩니까? 네, 바쁩니다.

5-1 ①놓아요 ②읽어요

③좋아요 ④길어요

point なぜかㅏに比べてㅗは陽母音であることが忘れられがちなようです。①놓어요のような誤答を時々見かけます。

5-2 ①알다 ②벗다 ③놀다 ④없다

6-1 ①일어나요 ②자요
③지나요 ④차요

6-2 ①사다 ②켜다 ③지내다 ④비싸다

point 해요体の語尾は−아요/어요ですが、活用された形を見たとき −아/어が見当たらなければ省略されていると考えていいです。

7-1 ①돌아와요 ②줘요
③다녀요 ④잘돼요

7-2 ①나오다 ②바꾸다
③기다리다 ④가르치다

point 一見しただけでは해요体の語尾 −아요/어요の −아/어をみつけるのは少し難しいですね。−요だけを取り外した形を一度発音してみてください。①나와②바꿔③기다려④가르쳐、どれも終わりの音がㅏかㅓになっていることに気づきましたか。−아요/어요の아/어が含まれているかどうか文字と音の両面から確認してみましょう。

8-1 ①남자예요 ②오늘이에요
③여자예요 ④내일이에요

point 「해요体に活用しましょう」という練習問題で、語幹に−해요をつけて①남자해요というような誤った解答を時々見かけますが、하다用言だけが해요になります。

8-2 ①사랑합니까? 네, 사랑해요.
②싫어합니까? 네, 싫어해요.
③새가 아닙니까?

네, 새가 아니에요.

④술이 아닙니까?

네, 술이 아니에요.

9-1 ①안 놀아요 ②안 싸요

③안 싸워요 ④안 비싸요

9-2 ①안 먹어요? 아, 먹습니다.

②안 마셔요? 아, 마십니다.

③안 받아요? 아, 받습니다.

④노래 안 해요?

아, 노래합니다.

10-1 ①어렵지 않습니다.

②쉽지 않습니다.

③맵지 않습니다.

④짜지 않습니다.

point ④を짭지 않습니다と解答した人は、합니다体から語幹を取り出すところで間違っています。-니다ではなく-ㅂ니다を取り外すと語幹が残ります。

10-2 ①내리지 않아요? 아, 내려요.

②나가지 않아요? 아, 나가요.

③읽지 않아요? 아, 읽어요.

④일하지 않아요? 아, 일해요.

11-1 ①생일이에요?

생일이 아니에요.

②애인이에요?

애인이 아니에요.

③감기예요?

감기가 아니에요.

point 助詞 -가/이をつけ忘れて、②のBを애인 아니에요と解答していないでしょうか。くだけた会話では -가/이が省略されることもありますが、省略しない正しい形にまず慣れて

いきましょう。

11-2 ①자신 없어요. ②시간 없어요.

③맛없어요. ④재미없어요.

point 맛없다는 [마덥따] と発音します。

12-1 ① a 입었습니다

② c 넣었습니다

③ b 신었습니다

④ d 닫았습니다

12-2 ①축구를 했어요?

네, 했습니다.

②음악을 좋아했어요?

네, 좋아했습니다.

③운동을 싫어했어요?

네, 싫어했습니다.

13-1 ① a 잤습니다.

② c 일어났습니다.

③ b 셌습니다.

④ d 보냈습니다.

point ③④のように ㅔ、ㅐで終わる語幹の場合、縮約しない셌습니다、보냈습니다という形も用いられます。縮約しない形は主に書く時に用います。

13-2 ①옷을 샀어요?

아뇨, 안 샀습니다.

②가방이 비쌌어요?

아뇨, 안 비쌌습니다.

③돈을 냈어요?

아뇨, 안 냈습니다.

14-1 ① a 봤습니다.

② d 마셨습니다.

③ b 다녔습니다.

④ c 배웠습니다.

14-2 ①회사에 나왔어요?

　　　네, 나왔습니다.

　　②일이 잘됐어요?

　　　네, 잘됐습니다.

　　③사장이 됐어요?

　　　네, 사장이 됐습니다.

point ②③のような(잘)되다は、縮約しない形(잘)되었어요/되었습니다も用いられます。

15-1 ①의사였어요.

　　②선생님이었어요.

　　③요리사였어요.

　　④교장이었어요.

point ①の의사は漢字で書くと、「医者」ではなく「医師」です。また③の요리사 (コック)は「料理師」が直訳です。

15-2 ①사장님이었어요?

　　　사장님이 아니었어요.

　　②일본 영화였어요?

　　　일본 영화가 아니었어요.

　　③영어 교사였어요?

　　　영어 교사가 아니었어요.

　　④한국 사람이었어요?

　　　한국 사람이 아니었어요.

16-1 ① a 흐르고 있습니다.

　　② c 내리고 있습니다.

　　③ d 생각하고 있습니다.

　　④ b 쓰고 있습니다.

16-2 ①물을 마시고 있어요.

　　②비빔밥을 만들고 있어요.

　　③요리 책을 보고 있어요.

　　④숙제를 하고 있어요.

point 마셔요も마시고 있어요と同じく「飲

んでいます」という日本語訳になっていることに、あれ?と思った人がいるかもしれませんね。日本語の「水を飲みますか」は未来のことを聞く場面でよく使われるのに対して、韓国語の마셔요?/마십니까? は原則的に現在のことについて用いるので、日本語訳が「飲んでいますか」となっているわけです。

17-1 ① a 먹고 싶습니다.

　　② b 자고 싶습니다.

　　③ d 쉬고 싶습니다.

　　④ c 가고 싶습니다.

17-2 ①주스를 마시고 싶어요.

　　②한국말을 배우고 싶어요.

　　③가방을 사고 싶어요.

　　④야구를 하고 싶어요.

point ②를 배우고 싶어요と誤答した人は、もう一度해요体から語幹を取り出すやり方 (練習 7-2) を確認してみましょう。

18-1 ①찾으십니까? ②이십니까?

　　③좋으십니까? ④크십니까?

point ③の좋으십니까? は좋다「良い」の敬語であるわけですが、日本語ではうまく尊敬の部分を訳せません。このように形容詞の場合は尊敬表現を日本語に訳しにくいことがあります。

18-2 ①바쁘십니까? 바쁩니다.

　　②재미있으십니까? 재미있습니다.

　　③멉니까? 멉니다.

19-1 ①가세요? ②사세요?

　　③돌아오세요? ④예쁘세요.

point 日本語だと自分の祖母にこうした敬語表現を使うのは、少しよそよそしい印象を持つ

かもしれませんが、韓国語では祖父母のような世代が上の方には身内であっても敬語を用います。

19-2 ①좋아하세요? 좋아합니다.

②아세요? 압니다.

③부르세요? 부릅니다.

20-1 ①주무십니다. ②계십니다.

③드십니다. ④안 계십니다.

point 特殊な敬語は語幹にすでに시が含まれています（p.72「もう一度確認」を参照）。주무시십니다や계시십니다といった間違った形を作ってしまわないよう気をつけましょう。

20-2 ①말씀하세요?

誰がお話されますか /

私が話します

②잡수세요?

お昼に何を召し上がりますか /

うどんを食べます

③있으세요?

明日時間おありですか /

時間ありません

④계세요?

明日家にいらっしゃいますか /

はい、家にいます

point 若い世代の人は먹다の尊敬表現として잡수시다よりド시다を使う傾向があります。

21-1 ①돌아가셨어요. ②사셨어요.

③좋아하셨어요. ④주셨어요.

point 용돈は[용똔]と発音されます。

21-2 ①많으셨습니까? 많았습니다.

②받으셨습니까? 받았습니다.

③끝나셨습니까? 끝났습니다.

22-1 ①쓰지 않으세요.

②타지 않으세요.

③입지 않으세요.

④많지 않으세요.

point 양복は漢字で書くと「洋服」ですが、「スーツ」の意味で用いられています。

22-2 ①작으십니까?

작지 않으십니다.

②쓰십니까?

쓰지 않으십니다.

③기십니까?

길지 않으십니다.

23-1 ①드십시오. ②오십시오.

③주무십시오. ④받으십시오.

point 새해 복 많이 받으십시오は新年のあいさつですが、日本語の「明けましておめでとうございます」とは違って年が明ける前に使ってもかまいません。

23-2 ①앉으십시오. ②오십시오.

③기다리십시오. ④연락하십시오.

24-1 ①가세요. ②계세요.

24-2 ①주세요. ②놓으세요.

③드세요. ④노세요.

24-3 ①보세요. ②쉬세요.

point 日本語の「どうぞ」を韓国語で表現する場合は、こんな風に −세요（〜してください）と表現します。文脈から「どうぞ」の後に「何をしてください」と言いたいのかを考えて韓国語にするといいでしょう。

25-1 ①전화해 주세요. ②시켜 주세요.

③들어 주세요. ④잡아 주세요.

25-2 ①사 주세요. ②말씀해 주세요.

③깎아 주세요. ④넣어 주세요.

26-1 ①예뻐요. ②예뻤어요.
③예쁩니다. ④예쁘세요.

point 예뻐で始まる①や②の活用形で聞き
なれている人が多いせいでしょうか、③を예뻡
니다、④を예뻐세요と活用してしまう人を見
かけます。変則用言は「ㅇ」で始まる語尾が付
く場合のみ変則が起こります。

26-2 1) ①배가 고픕니다.
②배가 고파요.
③배가 고팠어요.

2) ①키가 큽니다.
②키가 커요.
③키가 컸어요.

3) ①머리가 아픕니다.
②머리가 아파요.
③머리가 아팠어요.

4) ①주말에는 바쁩니다.
②주말에는 바빠요.
③주말에는 바빴어요.

27-1 ①몰라요. ②몰랐어요.
③모릅니다. ④모르세요.

point 르変則も①や②の活用形で耳慣れて
いる人が多いせいか、③や④まで몰랍니다や
몰라세요と活用してしまう人を見かけます。変
則用言は「ㅇ」で始まる語尾が付く場合のみ変
則が起こるので気をつけましょう。

27-2 1) ①노래를 부릅니다.
②노래를 불러요.
③노래를 불렀어요.

2) ①지하철이 빠릅니다.
②지하철이 빨라요.

③지하철이 빨랐어요.

3) ①이야기가 다릅니다.
②이야기가 달라요.
③이야기가 달랐어요.

4) ①눈물이 흐릅니다.
②눈물이 흘러요.
③눈물이 흘렀어요.

28-1 ①물어요 ②물었어요
③물으세요? ④묻습니다

point ㄷ変則用言の活用はまず最初に語尾
を付けて、その語尾が「ㅇ」で始まるものなら
ㄷをㄹに変化させます。語幹のㄷがㄹに変化
したからといって、ㄹ語幹のようにㄹが消える
ことはありません。

28-2 1) ①음악을 들으세요?
②음악을 듣습니다.
③음악을 들었어요.

2) ①역까지 걸으세요?
②역까지 걷습니다.
③역까지 걸었어요.

3) ①선생님께 물으세요?
②선생님께 묻습니다.
③선생님께 물었어요.

4) ①한국어를 알아들으세요?
②한국어를 알아듣습니다.
③한국어를 알아들었어요.

29-1 ①부어요 ②부었어요
③부으세요 ④붓습니다

point ㅅ変則もまず語尾をつけてから、「ㅇ」
で始まる語尾を確認したら変則を起こさせま
す。ㅅ変則の場合は語幹のㅅパッチムを消す
わけですが、ㅅを消してから、縮約してはいけ

ません。

29-2 1) ①집을 지으세요.

②집을 지었어요.

③집을 짓습니다.

2) ①빨리 나으세요.

②빨리 나았어요.

③빨리 낫습니다.

3) ①물을 부으세요.

②물을 부었어요.

③물을 붓습니다.

4) ①이름을 지으세요.

②이름을 지었어요.

③이름을 짓습니다.

30-1 ①추워요 ②추웠어요

③추우세요? ④춥습니다

point 추워で始まる①や②の活用形で聞き なれている人が多いせいか、③を추워세요と 活用してしまう人を見かけます。語幹の後ろに 어が来る①②と、으が来る③をしっかり区別 しましょう。

30-2 1) ①가방이 무거우세요?

②가방이 무거워요?

③가방이 무겁습니다.

2) ①발음이 어려우세요?

②발음이 어려워요?

③발음이 어렵습니다.

3) ①문법이 쉬우세요?

②문법이 쉬워요?

③문법이 쉽습니다.

4) ①김치가 매우세요?

②김치가 매워요.

③김치가 맵습니다.

31-1 ①하겠습니다.

②잡겠습니다.

③주문하겠습니다.

point −겠습니다には「これから〜します」と 単に意志を表わすだけでなく、「〜させていた だきます」という日本語に似た、へりくだるよ うなニュアンスも帯びています。

31-2 ①맛있겠어요.

②오겠어요.

③재미있겠어요.

32-1 ①사시겠어요?

②하시겠어요?

③결정하시겠어요?

④타시겠어요?

point 2人称疑問文で−겠を用いると相手 の意志を聞く基本の意味に加えて、相手を気 づかうようなニュアンスを帯びるようになりま す。

32-2 ①안내하시겠어요?

안내하겠습니다.

②앉으시겠어요?

앉겠습니다.

③사시겠어요?

살겠습니다.

33-1 ①공부할게요. ②끊을게요.

③뺄게요. ④모을게요.

point 끊다は「切る」「断つ」の意味なので、 お酒やたばこといった嗜好品を「やめる」場合 に用います。

33-2 ①갈게요.

市場にはいつ行きますか /

あとで行きます

②만들게요.

　夕食には何を作りますか /

　カレーを作ります

③할게요.

　掃除は誰がしますか / 私がします

④닦을게요.

　窓は誰が拭きますか / 私が拭きます

34-1 ①볼래요? ②놀래요?

③마실래요? ④읽을래요?

point -ㄹ/을래요?には日本語の「〜しませんか」に近いニュアンスがあります。

34-2 ①가실래요? 갈게요.

②갈아입으실래요? 갈아입을게요.

③보실래요? 볼게요.

35-1 ①좋을까요? ②생길까요?

③될까요? ④살까요?

35-2 ①만들까요? 만들어 주세요.

②끓일까요? 끓여 주세요.

③넣을까요? 넣어 주세요.

36-1 ①갑시다. ②걸읍시다.

③쉽시다. ④마십시다.

36-2 ①갈까요? 갑시다.

②먹을까요? 먹읍시다.

③할까요? 합시다.

point -ㅂ시다/읍시다の代わりに해요体を使えばもう少し柔らかく誘いかけることができます。가요だけで「行きましょう」の意味になりますが、우리や같이とともに用いられることが多いです。

37-1 ①키가 **크고** 다리가 길어요.

②치마를 **입고** 모자를 썼어요.

③눈은 **작고** 안경을 썼어요.

37-2 ①게임도 하고 운동도 해요.

②청소도 하고 빨래도 해요.

③한국어도 공부하고 음악도

들어요.

38-1 ①손을 **씻고** 밥을 먹어요.

②밥을 **먹고** 커피를 마셔요.

③커피를 **마시고** 숙제를 해요.

④숙제를 **하고** 자요.

38-2 ①라디오를 듣고 알았어요.

②그릇을 들고 먹었어요.

③신문을 읽고 썼어요.

39-1 ①두고 ②가지고 ③신고 ④쓰고

39-2 ①먹고 가세요. 먹고 갈게요.

②놓고 가세요. 놓고 갈게요.

③타고 가세요. 타고 갈게요.

40-1 ①이 사과는 **비싸지만**

아주 맛있어요.

②메일을 **받았지만**

아직 답장을 안 썼어요.

③한국에 **가고 싶지만**

돈이 없어요.

40-2 ①매워요? 맵지만 맛있어요.

②예뻐요? 예쁘지만 비싸요.

③어려워요? 어렵지만 재미있어요.

41-1 ①나가서 ②만나서

③일어나서 ④서서

41-2 ①김치찌개를 **만들어서** 먹었어요.

②숙제를 **해서** 가지고 갔어요.

③리포트를 **써서** 제출했어요.

point 「チゲを作って食べる」「レポートを書いて提出する」のように、「〜して (それを) 〜する」という文型の「〜して」は -아서/어서を

用います。

41-3 ①집에 가서 일했어요.
　　　家に帰って何をしましたか /
　　　家に帰って仕事しました
　　②의자에 앉아서 책을 읽었어요.
　　　椅子に座って何をしましたか /
　　　椅子に座って本を読みました
　　③일찍 일어나서 운동했어요.
　　　早く起きて何をしましたか /
　　　早く起きて運動しました

point「行って」「座って」「起きて」のように「自動詞＋〜して」と言う場合には −아서/어서を用います。「来る」「入る」「残る」のような自動詞も同様です。

42-1 ①추워서 ②나아서
　　③예뻐서 ④들어서

42-2 ①많이 늦어서 죄송합니다.
　　②감기에 걸려서 약을 먹었어요.
　　③일요일에도 일해서 힘들어요.

point「働いたので」のように「過去形＋ので」の場合も、일해서と表現します。일했어서と言わないよう注意しましょう。

42-3 ①기분이 안 좋아서
　　　なぜお酒を飲んだんですか /
　　　気分が悪くてお酒を飲んだんです
　　②친구하고 싸워서
　　　なぜ気分がよくないんですか /
　　　友達とけんかしたので気分がよくなかったんです
　　③전화를 안 받아서
　　　なぜ友達とけんかをしたんですか /
　　　電話に出ないのでけんかをしたん

です

43-1 ①못 体の具合が悪くて会社に行けませんでした
　　②안 日曜日なので会社に行きませんでした
　　③못 会いたいですが、私が忙しくて会えません
　　④안 その人は面白くないので会いません

43-2 ①못 마셔요. ②못 쉬요.
　　③못 해요. ④못 피워요.

44-1 ① d 仕事があって明日は会えません
　　② a お金がなくてカバンは買えませんでした
　　③ b 具合が悪くて宿題はできませんでした
　　④ c 習っていないので踊りは踊れません

44-2 ①마시지 못합니다.
　　②가지 못합니다.
　　③타지 못합니다.
　　④하지 못합니다.

45-1 ①못 ②하지 못했어요
　　③안 ④말하지 않았어요

point ①②は「（まだ）〜していません」だけでなく、文脈によっては「〜できませんでした」と訳すこともあります。

45-2 ①못 봤어요.
　　　そのドラマ、見ましたか /
　　　まだ見ていません
　　②못 했어요.
　　　おばあさんに電話しましたか /

まだしていません

③못 갔어요.

今日スポーツセンターに行きましたか /
まだ行っていません

46-1 ①읽어 보세요. ②들어 보세요.

③풀어 보세요. ④써 보세요.

46-2 ①가 봤어요?

가 보고 싶어요.

②먹어 봤어요?

먹어 보고 싶어요.

③마셔 봤어요?

마셔 보고 싶어요.

point -아/어 봤어요が「～したことがあり
ます」という訳になるか、「～してみました」と
なるかは文脈次第です。

47-1 ①앉아 있어요.

②서 있어요.

③떨어져 있어요.

④숨어 있어요.

47-2 ①열려 있어요? 닫혀 있어요.

②누워 있어요? 일어나 있어요.

③서 있어요? 앉아 있어요?

48-1 ①줬어요. ②줬어요.

③주지 않아요. ④주지 않아요.

48-2 ①사 줄래요? 사 줄게요.

②쳐 줄래요? 쳐 줄게요.

③불러 줄래요? 불러 줄게요.

point 日本語ではお願いする時「～くれませ
んか」と否定文にしますが、韓国語では주지
않을래요?より줄래요?と肯定文を使うのが
一般的です。

49-1 ①안내해 드리겠습니다.

②들어 드리겠습니다.

③설명해 드리겠습니다.

④빌려 드리겠습니다.

point 謙譲表現とは言っても、드리다は相
手に「～してさしあげる」場合にしか使われま
せん。

49-2 ①계산해 드릴까요?

계산해 주세요.

②넣어 드릴까요?

넣어 주세요.

③싸 드릴까요?

싸 주세요.

50-1 ①맛있는 김치

②만드는 요리

③좋아하는 고기

④싫어하는 음식

50-2 ①쉬는 ②재미있는

③아는 ④공부하지 않는

point -지 않다を現在連体形にする場合は、
-지の前に置く用言が動詞の場合に限り -는
を使って-지 않는という形になります（形容
詞の場合は52課を参照）。

51-1 ①아침밥을 먹는 게 좋아요.

②집에서 쉬는 게 좋아요.

③술은 안 마시는 게 좋아요.

④일찍 자는 게 좋아요.

point 「方」を韓日辞典などで調べると편や
쪽といった名詞が出てきます。「～したほうが
いい」という文型の「ほう」を편や쪽で表現す
ることもできますが、もっとも一般的な言い方
はやはり -는 게 좋다です。

51-2 ①안경을 쓰는 게 좋아요.

②약을 먹는 게 좋아요.

③집에 있는 게 좋아요.

52-1 ①예쁜 구두 ②짧은 바지

③작은 방 ④키가 큰 형

point 形容詞＋지 않다を現在連体形にする場合には、−ㄴ/은の語尾を用いて−지 않은となります。動詞＋지 않다の現在連体形 −지 않는としっかり区別しましょう。

52-2 ①인 ②아닌 ③찾고 싶은 ④가까운

point 찾고 싶다の찾다は動詞ですが形容詞싶다に合わせて形容詞型の語尾を付けます。

53-1 ①개가 진짜 멋있는 거예요.

②눈이 큰 거예요.

③얼굴은 작은 거예요.

④다리가 긴 거예요.

point −는(ㄴ/은) 거예요は「〜の/んです」以外に、文脈によっては「〜物です」と訳す場合もあります。

53-2 ①내리는 거예요. ②없는 거예요.

③부르는 거예요. ④인 거예요.

point ①の日本語訳は「急に雨が降ってきたんです」となっていますが、現在の連体形を用いているので本来は「雨が降っているんです」のはずです。ここでは副詞「急に」に合わせて意訳してあります。

54-1 ①사랑한 사람

②같이 찍은 사진

③어제 외운 단어

④아버지와 논 기억

point 動詞の過去連体形で時々見かける間違いは、過去を表そうとして았/었を用いることです。찍다の過去連体形は찍었는ではあり

ません。

54-2 ①산 ②쓴 ③들은 ④지은

55-1 ①탄 적이 있어요.

②간 적이 있어요.

③만난 적이 없어요.

④마신 적이 없어요.

55-2 ①말한 적이 있어요?

아니, 없어요.

②먹은 적이 있어요?

아니, 없어요.

③쓴 적이 있어요?

아니, 없어요.

56-1 ①한 번 쓴 다음에 두 번 읽어요.

②먼저 식사한 다음에 술을 마셔요.

③텔레비전을 본 다음에 공부해요.

56-2 ① 30 분만 논 뒤에 할게요.

宿題しないんですか /

30 分だけ遊んでからします

②조금만 공부한 뒤에 잘게요.

寝ないんですか /

少しだけ勉強してから寝ます

③시험이 끝난 뒤에 할게요.

運動しないんですか /

試験が終わってからします

④번역 일을 끝낸 뒤에 먹을게요.

ご飯食べないんですか /

翻訳の仕事を終えてから食べます

57-1 ①싫었던 것

②조용했던 거리

③재미있었던 시간

④의사였던 친구

point 形容詞・存在詞・指定詞の過去連体形は았/었を含まない −던という形もありますが、−았/었던のほうがよく使われます。

57-2 ①행복했던 ②이었던
　　　③추웠던 ④바빴던

58-1 ①자주 가던 식당
　　　②내가 살던 고향
　　　③함께 걷던 길
　　　④누나가 타던 자전거

58-2 ①먹던 ②읽던 ③쓰던 ④들던

59-1 ①내일 갈 곳 ②결혼할 사람
　　　③술 마실 예정 ④이사할 계획

59-2 ①아플 때 ②찍을 때
　　　③바쁘지 않을 때 ④돌아갈 때

60-1 ①내릴 거예요. ②불 거예요.
　　　③따뜻할 거예요. ④추울 거예요.

point 天気予報でアナウンサーが「明日は雨が降るでしょう」と言う場合は、비가 올 거예요ではなく、비가 오겠습니다を用います。비가 오겠습니다という表現のほうが丁寧な感じがします。비가 올 거예요では「私は降ると思います」と個人的な考えや意見を述べているような感じです

60-2 ①나갈 거예요? 나갈 겁니다.
　　　②갈 거예요? 갈 겁니다.
　　　③끊을 거예요? 끊을 겁니다.

61-1 ①읽을 수 있어요?
　　　②설명할 수 있어요?
　　　③부를 수 있어요?
　　　④알아들을 수 있어요?

61-2 ①일어날 수 있어요?
　　　일어날 수 없어요.

　　　②약속할 수 있어요?
　　　약속할 수 없어요.
　　　③이길 수 있어요?
　　　이길 수 없어요.

point 「できない」の表現には、−ㄹ/을 수 없다以外に以前習った못、−지 못하다もあります。明確な区別はありませんが、이길 수 없어요が「勝つことができません」だとすれば、못 이겨요/이기지 못해요は「勝てません」のように少しくだけたニュアンスがあります。

62-1 ①제 동생은 축구 선수 같아요.
　　　②우리 엄마는 가수 같아요.
　　　③우리 아빠는 요리사 같아요.

62-2 ①어머니 같은 사람이에요.
　　　②언니 같은 사람이에요.
　　　③아버지 같은 사람이에요.
　　　④동생 같은 사람이에요.

63-1 ①바람이 찬 것 같아요.
　　　②눈이 오는 것 같아요.
　　　③춥지 않은 것 같아요.
　　　④따뜻한 것 같아요.

63-2 ①마실 것이 없는 것 같아요.
　　　②바지가 좀 큰 것 같아요.
　　　③이 구두가 편한 것 같아요.
　　　④선생님은 바쁜 것 같아요.

point ①で「飲む物」が마실 것と未来連体形を使って表現されていることについては、「お悩み解決コーナー16」のp.191の解説を参照してください。

64-1 ①나빴던 것 같아요.
　　　②아팠던 것 같아요.
　　　③고팠던 것 같아요.

④어려웠던 것 같아요.

point 「体の具合が悪い」という場合には나쁘다ではなく아프다を使って表現します。아프다という形容詞は「痛い」だけでなく、「体の具合・調子が悪い」「病気だ」という意味でも用いられます。

64-2 ①나가신 것 같아요.

おばあさんは出かけましたか /

はい、<u>出かけたようです</u>

②일어난 것 같아요.

娘は起きましたか /

はい、<u>起きたようです</u>

③먹은 것 같아요.

息子は朝ご飯を食べましたか /

はい、<u>食べたようです</u>

④붙은 것 같아요.

甥は試験に受かりましたか /

はい、<u>受かったようです</u>

65-1 ①낫지 않을 것 같아요.

②어려울 것 같아요.

③늘 것 같아요.

④일어날 것 같아요.

point ①「治りそうにありません」は、日本語の語順から考えると나을 것 같지 않아요となりそうですが、実際は낫지 않을 것 같아요/안 나을 것 같아요と表現します。「~しそうにありません」を韓国語で言う場合には、같다ではなく連体形の部分を否定にします。

65-2 ①붙을 것 같아요?

붙을 것 같아요.

②찾을 수 있을 것 같아요?

찾을 수 있을 것 같아요.

③못 갈 것 같아요?

못 갈 것 같아요.

66-1 ①아프면 ②먹으면

③걸으면 ④줄면

66-2 ①기다리면 돼요?

기다리시면 됩니다.

②보내면 돼요?

보내시면 됩니다.

③쓰면 돼요?

쓰시면 됩니다.

point -(으)면 되다는、「勝手にすればいい!」と怒って言う時のような「~すればいい」のニュアンスで用いられることはありません。

67-1 ①눈을 뜨니까 12시였어요.

②계산하니까 10만 원이었어요.

③만나 보니까 선배였어요.

④눈을 감으니까 생각났어요.

67-2 ①오니까 어때요?

京都に来てみてどうですか /

いいですね

②공부하니까 어때요?

韓国語を勉強してみてどうですか /

面白いです

③먹어 보니까 어때요?

サムゲタンを食べてみてどうですか /

おいしかったです

④만나 보니까 어때요?

社長に会ってみてどうですか /

良い方でした

68-1 ①이 가방이 마음에 드니까

사 주세요.

②비가 오니까 우산을 가지고 가세요.

③시간이 **없으니까** 다음에 오세요.

point ②비가 오니까는「雨が降るから」ではなく「雨が降っているから」という日本語訳に当たります。「雨が降るから傘を持って行ってください」という日本語は「これから雨が降る」という未来の表現になるので韓国語では오니까ではなく올 테니까という表現を用います。（『中級編』37 -ㄹ/을 테니(까)を参照)

68-2 ①끓였으니까 ②상했으니까
　　　③없었으니까 ④넣었으니까

point ②の解答は상했으니까という過去の表現が「腐っているから」と訳されています。これは誤訳ではなく、「腐っている」は상하다（腐る、傷む）を過去形にして表現します。

69-1 ①살아도 됩니다. ②해도 됩니다.
　　　③받아도 됩니다. ④가도 됩니다.

69-2 ①봐도 돼요?
　　　　보셔도 괜찮아요.
　　　②누워도 돼요?
　　　　누우셔도 괜찮아요.
　　　③벗어도 돼요?
　　　　벗으셔도 괜찮아요.

70-1 ①안에 들어가면 안 됩니다.
　　　②큰 소리로 떠들면 안 됩니다.
　　　③사진을 찍으면 안 됩니다.
　　　④자료를 만지면 안 됩니다.

70-2 ①하면 안 돼요?
　　　　하시면 안 됩니다.
　　　②먹으면 안 돼요?
　　　　드시면 / 잡수시면 안 됩니다.
　　　③가면 안 돼요?
　　　　가시면 안 됩니다.

71-1 ①늦게까지 일해서는 안 됩니다.
　　　②술을 많이 마셔서는 안 됩니다.
　　　③스트레스를 쌓아 둬서는
　　　　안 됩니다.
　　　④무리해서 운동해서는 안 됩니다.

point 「積む」は「ストレスを溜める」の「溜める」にも用いられます。쌓아 두다는直訳すると「溜めておく」となりますが、③は「溜めた（まにして）おく」と解釈してください。

71-2 ①알면 안 돼요?
　　　　알아서는 안 돼요.
　　　②하면 안 돼요?
　　　　해서는 안 돼요.
　　　③피우면 안 돼요?
　　　　피워서는 안 돼요.

72-1 ①찾아야 해요. ②만들어야 해요.
　　　③청소해야 해요. ④써야 해요.

72-2 ①봐야 돼요? 보셔야 돼요.
　　　②입어야 돼요? 입으셔야 돼요.
　　　③써야 돼요? 쓰셔야 돼요.

point 「どうすればいいですか」は、어떻게 하면 돼요?という表現以外に、어떻게 해야 돼요?という言い方もあります。

73-1 ①세우지 마세요.
　　　②피우지 마세요.
　　　③잊지 마세요.
　　　④울지 마세요.

point 서다/세우다는「立つ / 立てる」以外に「停まる/停める」という意味も持っています。

73-2 ①걸어도 돼요? 걸지 마세요.
　　　②설명해도 돼요?
　　　　설명하지 마세요.

③잡아도 돼요? 잡지 마세요.

74-1　①않고 ②말고 ③않고 ④말고

74-2　①늦지 말고 일찍 오세요.

　　　②걱정하지 말고 쉬세요.

　　　③전화를 끊지 말고 기다리세요.

　　　④빨래하지 말고 그냥 두세요.

75-1　①와? ②늦을 것 같아. ③그래?

　　　④먹고 와? ⑤먹을게. ⑥알았어.

> A 何時に帰る?
> B 今日はちょっと遅くなりそう。
> A そうなの?
> 　じゃ、晩ご飯食べて帰る?
> B いや、家に帰って食べるよ
> A わかった。

point ③の解答그래は会話のいろいろな場面で用いられます。平叙文で用いると「そうだよ」という返事になります。また、「行こう!」という誘いの言葉に그래「そうしようか」、「食べてもいい?」に그래「どうぞ(そうすれば)」、안녕하세요? の挨拶に그래「ああ」と返すなど、いろいろな返事に用いられます。

75-2　①벗을까? 안 벗어.

　　　②먹을까? 안 먹어.

　　　③볼까? 안 봐.

76-1　①이분이야. ②나야.

　　　③아니야. ④삼촌이야.

> A どの方がおばさん?
> B この方なの。
> A そう。あんたのお母さんと顔が
> 　そっくりだね。あんたはどこに

いるの?

> B これがわたし。
> A ほんと? じゃ、こっちがあんたの
> 　お兄さん?
> B わたしの兄じゃないよ。
> A じゃ、誰?
> B わたしのおじさん。

point　2人称너희「あんた(ら)」は1人称우리「うち(ら)」と使い方が似ています。助詞とともに用いる場合はそれぞれ「あんたたち」「わたしたち」という複数の意味ですが、助詞なしに名詞の前に置かれた場合は「あんた(ら)の」「わたし(ら)の」と文脈によって単数だったり複数だったりします。

76-2　①돼지고기야?

　　　돼기고기가 아니야.

　　　②김치찌개야?

　　　김치찌개가 아니야.

　　　③김칫국이야?

　　　김칫국이 아니야.

　　　④냉면이야?

　　　냉면이 아니야.

77-1　①오셔? ②하셔?

　　　③읽으셔? ④드셔?

77-2　①괜찮으셔? 괜찮아.

　　　②안 바쁘셔? 안 바빠.

　　　③재미없으셔? 재미없어.

・音変化は［　　　］に示した（連音化を除く）。
・〈　　　〉は変則用言を示す。
・(하다) は하다用言（動詞）を示す。
・助詞については、12頁を参照してください。

ㄱ

가격	価格、値段
가깝다 [-따] 〈ㅂ〉	近い
가다	行く
가르치다	教える
가방	カバン
가수	歌手
가지다	持つ
갈아입다 [-따]	着替える
감기	風邪
감다 [-따]	(目を) 閉じる
갑자기 [갑짜기]	急に、突然
같다 [갇따]	同じだ
같이 [가치]	いっしょに
거 (=것)	もの、こと、の
거기	そこ(に)
거리	街、通り
걱정 [걱쩡] (하다)	心配 (する)
건물	建物
걷다 [-따] 〈ㄷ〉	歩く
걸다	かける
걸리다	(時間が) かかる
게 (=것이)	のが
게임	ゲーム
결정 [결쩡] (하다)	決定 (する)
결혼 (하다)	結婚 (する)
결혼식	結婚式

계란	たまご
계산 (하다)	計算 (する)、会計 (する)
계시다	いらっしゃる
계획	計画
고기	肉
고프다 〈으〉	(お腹が) 空く
고향	故郷
곳	ところ
공부 (하다)	勉強 (する)
공원	公園
과자	菓子
괜찮다 [괜찬타]	大丈夫だ、構わない
교과서	教科書
교사	教師
교장	校長
교회	教会
구두	靴
국	スープ
그	その
그것	それ
그게 (=그것이)	それが
그날	その日
그냥	そのまま
그때	その時
그래서	それで
그래요？	そうですか
그러니까	だから
그런데	ところが、ところで
그럼	では
그릇	器
그리고	そして
그림 책	絵本
기다리다	待つ
기분	気分

기억	記憶	냉면	冷麺
길	道、通り	너	お前、君
길다	長い	너무	あまり、とても
김치	キムチ	너희	お前たち、君たち
김칫국 [-꾹]	キムチのスープ	넣다 [너타]	入れる
김치찌개	キムチチゲ	년	年
깎다 [깍따]	(髪を) 切る、 (値段を) まける	노래 (하다)	歌 (う)
꽃	花	노래방	カラオケ
끊다 [끈타]	(電話を) 切る、 (タバコを) やめる	노트	ノート
		놀다	遊ぶ
끓이다 [끄리다]	(スープ・ラーメンを) 作る、(コーヒーを) 淹れる	놓다 [노타]	置く
		누가	誰が
		누나	姉、お姉さん (弟に とっての)
끝나다 [끈나다]	終わる	눈	①雪　②目
끝내다 [끈내다]	終える	눈물	涙
		눕다 [-따] 〈ㅂ〉	横になる
		뉴스	ニュース
ㄴ		늘다	増える
나	わたし、ぼく	늦게 [늗께]	遅く
나가다	出て行く、出る	늦다 [늗따]	遅い
나무	樹、木		
나쁘다 〈으〉	悪い	**ㄷ**	
나오다	出てくる	다니다	通う
날	日	다르다 〈르〉	異なる
날씨	天気	다리	脚
남자	男の子、男性	다시	再び
낫다 [낟따] 〈ㅅ〉	治る、ましだ	다음 달 [-딸]	来月
낮	昼間	다음 주 [-쭈]	来週
내	わたしの、ぼくの	닦다	拭く
내가	わたしが、ぼくが	단어	単語
내년	来年	닫다 [-따]	閉める
내다	出す	닫히다 [다치다]	閉まる
내리다	(雨・雪が) 降る、降 りる	담배	タバコ
내일	明日	답	答え

답장 [답짱]	返信	라면	ラーメン
대신	代わりに	리포트	レポート
대학	大学		
대학생 [-쌩]	大学生	**ㅁ**	
더	もっと、さらに	마시다	飲む
덥다 [-따] 〈ㅂ〉	暑い	마음	心
도서관	図書館	막걸리 [막껄리]	マッコリ、濁り酒
도시락	弁当	만	万
돈	お金	만들다	作る
돌아가다	帰る	만지다	触る
돌아가시다	お亡くなりになる	많다 [만타]	多い
돌아오다	戻る	많이 [마니]	たくさん
동생	弟・妹	말	ことば
돼지고기	豚肉	말씀 (하다)	お言葉、お話 (する)
되다	なる	말씀하시다	おっしゃる
두다	置く	말하다	言う、話す
뒤	後ろ	맛없다 [마덥따]	まずい、おいしくない
드라마	ドラマ		
드리다	差し上げる	맛있다 [마싣따]	おいしい
드시다	召し上がる	매일	毎日
듣다 [-따] 〈ㄷ〉	聞く	맵다 [-따] 〈ㅂ〉	辛い
들다	(手に) 持つ、持ち上げる	머리	頭、髪
		먹다	食べる
들어가다	入っていく、入る	먼저	先に
따뜻하다 [따뜨타다]	暖かい	멀다	遠い
따로따로	別々に	멋있다 [머싣따]	素敵だ
때	時	메일	メール
떠들다	騒ぐ	면접	面接
떨어지다	落ちる	몇 시 [멷씨]	何時
똑같다 [똑깓따]	まったく同じだ	모르다 〈르〉	分からない
똑바로 [똑빠로]	まっすぐ (に)	모으다 〈으〉	集める
뜨다 〈으〉	(目を) 開ける	모자	帽子
		목소리 [목쏘리]	声
ㄹ		몸	身体、体
라디오	ラジオ	몹시 [몹씨]	非常に

못하다 [모타다]	できない	벗다 [벋따]	脱ぐ
무겁다 [-따]〈ㅂ〉	重い	보내다	送る
무리하다	無理する	보다	見る
무슨	何の（名詞）	복	福、幸運
문	ドア	볼펜	ボールペン
문법 [문뻡]	文法	봉지	袋
문제	問題	부르다〈르〉	呼ぶ、歌う
묻다 [-따]〈ㄷ〉	尋ねる	부모(님)	両親
물	水	부산	プサン（釜山）
뭐하다	何する	부자	金持ち
뭘 (=무엇을)	何を	부장(님)	部長
밑	下、真下	부탁하다 [부타카다]	頼む
		분	方

ㅂ

		불다	（風が）吹く
바꾸다	替える、交換する	붓다 [붇따]〈ㅅ〉	注ぐ
바닥	床、地面	붙다 [붇따]	付く、（試験に）受か
바람	風		る
바쁘다〈으〉	忙しい	비	雨
바지	ズボン	비디오	ビデオ
반대 (하다)	反対（する）	비빔밥 [-빱]	ビビンバ
반지	指輪	비싸다	高い
받다 [-따]	もらう、受ける	빌리다	貸す、借りる
발음	発音	빠르다〈르〉	速い、早い
발전 [발쩐] (하다)	発展（する）	빨래 (하다)	洗濯（する）
밤	夜	빨리	速く、早く
밥	ご飯	빵	パン
방	部屋		

ㅅ

배	①腹 ②船	사과	リンゴ
배고프다〈으〉	空腹だ	사다	買う
배우	俳優	사람	人
배우다	学ぶ、習う	사랑 (하다)	愛（する）
버리다	捨てる	사장 (님)	社長
번	番、回	사전	辞典、辞書
번역	翻訳（する）	사진	写真
벌써	すでに、もう		

산	山
산책	散策、散歩
살다	住む、暮らす、生きる
살을 빼다	痩せる
살찌다	太る
삼계탕	サムゲタン
삼촌	おじ、おじさん
상하다	傷む
새	鳥
새로	新しく
새해	新年
생각나다 [생강나다]	思い出す
생각하다 [생가카다]	思う、考える
생기다	生じる、できる
생일	誕生日
샤워 (하다)	シャワー (を浴びる)
서다	立つ
서울	ソウル
선물	プレゼント、お土産
선배	先輩
선생님	先生
선수	選手
설명 (하다)	説明 (する)
설탕	砂糖
세다	強い
세우다	(車を) 停める
소개 (하다)	紹介 (する)
소리	声、音
소설	小説
소식	知らせ、ニュース、消息
소주	焼酎
손	手
손님	お客さん
숙제 [숙쩨] (하다)	宿題 (する)
숟가락 [숟까락]	スプーン、匙
술	酒
숨다 [-따]	隠れる
쉬다	休む
쉽다 [-따] 〈ㅂ〉	やさしい、容易だ、簡単だ
스트레스	ストレス
스포츠센터	スポーツセンター
시간	時間
시내	市内、街中
시디	CD
시작하다 [시자카다]	始める
시장	市場
시키다	させる、注文する
시합	試合
시험	試験
식당 [식땅]	食堂
식사 [식싸] (하다)	食事 (する)
식탁	食卓
신다 [-따]	(靴・靴下を) はく
신문	新聞
신혼여행	新婚旅行
싫다 [실타]	嫌だ
싫어하다 [시러하다]	嫌がる、嫌いだ
싸다	包む
싸다	安い
쌓아 두다	ためておく
싸우다	ケンカする
쓰다	①書く ②使う ③ (メガネを) かける ④ (帽子を) かぶる
씩	～ずつ
씻다 [실따]	洗う

ㅇ

아뇨	いいえ
아니	いや、いえ
아니다	違う、～ではない
아무도	誰も
아버지	父、お父さん
아빠	父、お父ちゃん、パパ
아주	とても
아주머니	おばさん
아직	まだ
아침	朝
아침 (밥) [빱]	朝ごはん、朝食
아프다 〈으〉	痛い
안	中
안경	メガネ
안내 (하다)	案内 (する)
앉다 [안따]	座る
알다	分かる、知る
알리다	知らせる、教える
알아듣다 [-따] 〈ㄷ〉	聞き取る、理解する
앞 [압]	前
애인	恋人
야구	野球
야채	野菜
약	薬
약속 [약쏙] (하다)	約束 (する)
양말	靴下
양복	スーツ
어느 분	どなた
어디	どこ
어때요?	どうですか
어떤	どんな (名詞)
어떻게 [어떠케]	どのように
어렵다 [-따] 〈ㅂ〉	難しい
어머니	母、お母さん
어서	速く、急いで
어제	昨日
언니	姉、お姉さん (妹にとっての)
언제	いつ
얼굴	顔
엄마	母、お母ちゃん、ママ
없다	ない、いない
에 대해	～について
여기	ここ (に)
여동생	妹
여자	女の子、女性、女子
여자애	女の子
여행	旅行
역	駅
연락하다 [열라카다]	連絡 (する)
연습 (하다)	練習 (する)
연필	鉛筆
연하장 [-짱]	年賀状
열	十
열다	開ける
열리다	開く
열심히 [열씨미]	熱心に
영어	英語
영화	映画
옆	横、隣
예쁘다 〈으〉	かわいい
예정	予定
오늘	今日
오다	来る
오래	長らく、長く
오빠	兄、お兄さん (妹にとっての)
오후	午後

옷	服	이야기	話
왜	なぜ	이유	理由
외우다	覚える	이제	もう、今（は）
요리	料理	이쪽	こちら
요리사	料理師、コック	인분	〜人前
요즘	この頃、最近	일	一
용돈 [용똔]	小遣い	일본	日本
우동	うどん	일어나다	起きる
우리	わたしたち、わたし	일요일	日曜日
우산	傘	일찍	早く
운동 (하다)	運動 (する)	일하다	働く
운동화	運動靴、スニーカー	읽다 [익따]	読む
울다	泣く	입다 [-따]	着る、(ズボンを) はく
웃다 [욷따]	笑う	있다 [읻따]	いる、ある
원	ウォン	잊다 [읻따]	忘れる
월요일	月曜日		
위	上	**ㅈ**	
유학	留学	자기	自己、自分
유학생 [-쌩]	留学生	자기소개서	自己紹介書
은행	銀行	자다	寝る
음식	食べ物	자료	資料
음악	音楽	자신	自信
응	うん、ああ	자전거	自転車
의사	医者、医師	자주	しょっちゅう、よく
의자	椅子	작년 [장년]	昨年、去年
이	この	작다 [-따]	小さい
이게 (=이것이)	これが	작문 [장문]	作文
이기다	勝つ	잘되다	うまくいく
이다	〜だ、〜である	잠	眠り
이따가	あとで	잠시만	しばらく
이름	名前	잡다 [-따]	(席を) 取る、
이모	(母方の) おば、おば		(タクシーを) つかま
	さん		える、(手を) 握る
이번 주 [-쭈]	今週	잡수시다 [잡쑤시다]	召し上がる
이사 (하다)	引っ越し (する)	잡지 [잡찌]	雑誌

재미없다 [-따]	面白くない	중학생 [중학쌩]	中学生
재미있다 [-따]	面白い	즐겁게 [즐겁께]	楽しく
저	私、わたくし	지갑	財布
저	あの	지금	今、現在
저게 (＝저것이)	あれが	지나가다	過ぎてゆく
저기	あそこ (に)	지나다	過ぎる
저녁	夕方	지하철	地下鉄
저녁 (밥) [빱]	夕食	직업	職業
저희	わたくしたち	진짜	本当、本物
전 (＝저는)	わたしは	짐	荷物
전철	電鉄、電車	집	家
전화 (하다)	電話 (する)	짓다 〈ㅅ〉	(家を) 建てる、(ご
전화번호	電話番号		飯を) 炊く、(名前を)
절대로 [절때로]	絶対に		付ける
점심	昼食、昼	짜다	塩辛い、しょっぱい
정도	程度	짧다 [짤따]	短い
제	私の	쯤	くらい
제가	私が	찌개	チゲ
제주도	済州道	찍다 [-따]	(写真を) 撮る
제출 (하다)	提出 (する)		
조금만	すこしだけ	ㅊ	
조용하다	静かだ		
조카	甥、姪	차	①茶　②車
좀	すこし、ちょっと	차다	冷たい
좋다 [조타]	良い	창문	窓
좋아하다	好きだ	찾다 [- 따]	探す、(お金を) 下ろす
좋아지다	良くなる	찾아오다	尋ねてくる、訪れる
죄송하다	申し訳ない	책	本
주다	くれる、あげる	청소 (하다)	掃除 (する)
주말	週末	체중	体重
주무시다	お休みになる	초대 (하다)	招待 (する)
주문 (하다)	注文 (する)	추다	踊る
주스	ジュース	축구	サッカー
죽다 [-따]	死ぬ	춤	踊り
줄다	減る	춥다 [-따] 〈ㅂ〉	寒い
		치다	(ピアノを) 弾く

치마	スカート
친구	友達、友人

ㅋ

카레	カレー
커피	コーヒー
케이크	ケーキ
켜다	(電気を) 点ける
크다 〈으〉	大きい
키	背丈、身長

ㅌ

타다	乗る
택시	タクシー
텔레비전	テレビ
토끼	ウサギ

ㅍ

파	ネギ
파티	パーティ
팔다	売る
편지	手紙
편하다	楽だ
풀다	(問題を) 解く
피아노	ピアノ
피우다	(タバコを) 吸う

ㅎ

하나	ひとつ
하루	一日
하지만	しかし、けれども
학생 [학쌩]	学生
한	ひとつの
한국	韓国
한국말 [한궁말]	韓国の言葉、韓国語

한국 사람 [-싸람]	韓国人
한국어	韓国語
한글	ハングル
한번	一度
한잔	一杯
할머니	祖母、おばあさん
할아버지	祖父、おじいさん
함께	いっしょに、共に
해외여행	海外旅行
행복하다 [행보카다]	幸せだ
허리	腰
형	兄、お兄さん (弟に とっての)
호텔	ホテル
회사	会社
회사원	会社員
후배	後輩
휴대폰	携帯
휴일	休日
흐르다 〈르〉	流れる
힘	力
힘들다	つらい、大変だ

文法索引

著者紹介
金京子（きむ　きょんじゃ）
　同志社大学他講師。
　韓国・ソウル生まれ。
　梨花女子大学大学院韓国学科修士課程修了（韓国語教育専攻）。
　1992 年に来日以来、大学などでの韓国語講師、翻訳家として活動
　している。
　著書『絵で学ぶ中級韓国語文法』『絵で学ぶ上級への韓国語文法』
　『韓国語単語練習帳』『中級韓国語単語練習帳』（以上共著、白水社）、
　『昔話で学ぶ韓国語初級リーディング』（アルク）、『韓国語似てい
　る形容詞・副詞使い分けブック』（共著、ベレ出版）ほか多数
　訳書『ナヌムの家のハルモニたち』（共訳、人文書院）ほか

河村光雅（かわむら　みつまさ）
　京都外国語専門学校副校長。
　大阪生まれ。
　京都大学大学院修士課程修了。
　著書『絵で学ぶ中級韓国語文法』『絵で学ぶ上級への韓国語文法』
　（以上共著、白水社）、『韓国語似ている動詞使い分けブック』『韓
　国語似ている形容詞・副詞使い分けブック』『しっかり身につく
　韓国語トレーニングブック』（以上共著、ベレ出版）ほか多数

絵で学ぶ韓国語文法《新版》
初級のおさらい、中級へのステップアップ

2021 年 9 月 25 日　第 1 刷発行
2023 年 4 月 20 日　第 2 刷発行

著　者 © 金　　京　　子
　　　　　河　村　光　雅
発行者　　岩　堀　雅　己
組版所　　アイ・ビーンズ
印刷所　　株式会社三秀舎

101-0052 東京都千代田区神田小川町 3 の 24
発行所　電話 03-3291-7811（営業部）, 7821（編集部）　株式会社　白水社
　　　　www.hakusuisha.co.jp
乱丁・落丁本は送料小社負担にてお取り替えいたします。

振替 00190-5-33228　　　Printed in Japan　　　誠製本株式会社

ISBN978-4-560-08914-9